一看就懂！美國與地緣政治

40張資訊圖表，從美國夢、科技霸權到川普時代，快速掌握全球局勢

Géopolitique des États-Unis

美國地緣政治專家 瑪麗瑟西・納維斯 Marie-Cécile Naves——著

姜盈謙——譯

目 錄

前言 …… 007

第一部 十大重要觀點 …… 008

1. 美國與現代聯邦主義 …… 010
2. 獨一無二的民主體制？ …… 014
3. 至今屹立不搖的建國神話 …… 018
4. 英美式的世俗主義 …… 022
5. 不再「合眾」的美國？ …… 026
6. 移民的夢土 …… 030
7. 過時的選舉制度？ …… 034
8. 歷史尚未終結 …… 038
9. 從歐巴馬到川普：美國的二元對立 …… 042
10. 拜登政府：川普時代的短暫插曲？ …… 046

第二部 十大主要挑戰 …… 050

11. 身份認同的執迷 …… 052
12. 走向政治兩極化的美國？ …… 056
13. 持續貧富不均 …… 060

14 城鄉差距	064
15 美國去工業化的代價	068
16 病毒式擴散的「假新聞」	072
17 媒體與言論自由的危機	076
18 對女性發動的全面攻擊	080
19 失控的軍火銷售	084
20 氣候變遷懷疑論者與《巴黎協定》擁護者的對抗	088

第三部 十大地緣政治議題

21 美國、加拿大與墨西哥：相依共存的三國關係	092
22 歐盟：不可或缺的合作夥伴	094
23 英語系國家大聯盟	098
24 中國：美國的債權人與商業競爭對手	102
25 亞洲勢力如何平衡？	106
26 中東局勢：「世界警察」的終結？	110
27 以巴衝突：無解的難題？	114
28 俄國：在合作、貪腐與網路攻擊之間	118
29 波斯灣阿拉伯國家：新興勢力	122
30 非洲：被遺忘的大陸？	126
	130

第四部 十大行動策略

31 從新保守主義到現實主義：歷任總統的外交政策	134
32 聯合國與北約的角色如何重新定位？	136
33 太空：新一波「星際戰爭」	140
34 新興民間行動參與者：億萬富豪的影響力	144
35 面對國際重大挑戰的合作模式？	148
36 全球娛樂產業的主導地位	152
37 持續穩居數位科技龍頭的美國	156
38 美國行動主義引起的全球迴響	160
39 體育運動的軟實力	164
40 健康危機：新自由主義政策或極端主義的受害者？	168

參考書目 172

資訊圖表來源 176

177

前言

常言道，美國既讓人著迷，又令人嚮往。自18世紀末獨立以來，美國一直影響著國界之外的歷史學家、社會學家、政治學專家、作家、藝術家以及媒體。就像世界上其他國家一樣，在美國的歷史和文化中，有些著名於世，有些卻鮮為人知；隨著時間推移，這些刻板印象不斷流傳，其主題發根深蒂固。雖然美國經常被簡化地描述──不是被過度理想化，就是被貶低或嘲諷。然而，美國仍值得我們細究其複雜內涵。雖然二元對立和矛盾，瞹昧二元對立在某種程度上確實是美國的特色之一。例如，城市化的美國與去工業化或農村地區的美國；巴拉克・歐巴馬（Barack Obama）的美國與唐納・川普（Donald Trump）的美國：當

雲集集的美國與所謂「被遺忘的美國」：知識和藝術菁英雲集的美國與所謂「鄉巴佬」（rednecks）的美國。美國確實稱得上「兩極分裂」的國家，不過我們不能侷限於這一觀點，我們需要更深入地探討。本書的目標並不是試圖自詡能夠窮盡這個龐大主題，而是試圖解讀一些關鍵概念、歷史背景和文化影響（無論是過去的還是當代）、從實層面作為政治分析的起點，並以概論的形式進行探討。

過去30年來，全球的局勢從冷戰時期東西兩大陣營的對立，逐漸被一個多極化的世界，取而代之。國際間的多邊結盟破而中國則在商業和科技領域成為美國主要競爭對手，盡管美蘇之間的對立意識仍未平息。同時，其他新興國

家也開始挑戰美國的全球領導地位。然而，美國依然是全球經濟和軍事的第一強國。經歷了馬歇爾計劃（The Marshall Plan）和冷戰時期，「歷史終結論」和「文明衝突論」理論發表、網路與人工智慧革命崛起、日益擴大的貧富不均，以及文化與資訊戰爭的衝擊，但與此同時，美國的各種社會運動依舊活躍，這也是民主社會最強而有力的保證之一。

最後，這個由林肯（Lincoln）與尼克森（Nixon）打下根基的國家，面臨與其他西方國家相似的問題──民粹主義（Populism）的

007

第一部

十大重要觀點

1 美國與現代聯邦主義

美國的前身是13個英國殖民地,這些殖民地於17世紀初建立。1776年7月4日,美國宣布獨立,並於1787年制定憲法。隨著美國向西擴張,其領土逐漸擴大。法國啟蒙時代哲學家(特別是孟德斯鳩)的思想,對美國民主共和制度的建立具有深遠影響。

18世紀末,「聯邦黨人」在亞歷山大・漢爾爾頓(Alexander Hamilton)的領導下,希望加強中央政府的權力。而由《獨立宣言》的作者湯瑪斯・傑弗遜(Thomas Jefferson)領導的「民主共和黨人」(民主黨前身),傾向主張賦予地方更多權力。美國的第一任總統為喬治・華盛頓(George Washington)與聯邦黨人關係密切。

19世紀:聯邦權力鞏固

雖然美國取得了獨立,但國家並未真正達成統一。在19世紀,工業化日且主張保護主義的東北部各州,與支持奴隸制且自由貿易的南部各州壁壘分明,最終演變成一場內戰。在此期間,反對奴隸制的共

和黨於焉誕生，並由亞伯拉罕·林肯（Abraham Lincoln）領導，他於1860年當選美國總統。

當時，34個聯邦州中的11個南部州（如南卡羅來納州、阿拉巴馬州、佛羅里達州、喬治亞州、德克薩斯州、路易斯安那州和維吉尼亞州）宣布脫離，成立「美利堅聯盟國」，由傑佛遜·戴維斯（Jefferson Davis）擔任總統。

南北戰爭從1861年持續至1865年，最終由北方拿下勝利終結。內戰鞏固了聯邦政府的權力，為美國的法律和集權記憶留下深遠影響，不過種族主義和種族隔離的問題仍持續多年。

權力分配的爭議

聯邦制是一種基於中央政府（聯邦）與各州（聯邦州）之間責任分工的政治與行政制度。在美國，憲法定義了兩者的職權分配，其中聯邦州擁有較完整的自治權，尤其在教育和稅收方面。各州都有自己的司法機構。然而，聯邦法律，尤其是憲法，擁有最高權力，凌駕於州法律之上。某些領域如貨幣、外交政策和國防是聯邦政府的專屬職責；其他領域如經濟、醫療和治安，則由聯邦和州共同管理。但是，權力的分配經常受到挑戰，尤其是目前共和黨派採取的勢力，他們通常對聯邦政府的權力持懷疑態度，主張擴大州政府的權力，特別是在稅收政策方面。

如今，美國由50個聯邦州組成，其中包括兩個不與本土相連的州（阿拉斯加州和夏威夷州）。聯邦首都位於華盛頓哥倫比亞特區，該地區並不屬於任何一個州，美國國旗「星條旗」，象徵著中央與地方的互補關係。旗面上由13條紅白相間的條紋（代表原始的13個英屬殖民地）以及50顆星星（代表50個州）組成。

美國約有3.41億人口。 美國約有3.41億人口，是世界第三大人口國家，僅次於中國和印度。美國的種族不僅多樣且持續成長，因為這個國家本就建立在移民基礎之上。同時，美國也是全球第一大經濟強國和軍事強國。

要點

作為世界上人口第三多的國家，美國幅員遼闊，涵蓋了各式各樣的城市、郊區和農村地區，並包含兩個大型都會區。美國獨立建國至今已近 250 年，由 50 個聯邦州組成，各自擁有自己的法律，但聯邦法律和憲法具有最高權力。外交政策、貿易和國防等領域由聯邦政府統一管理，有些政治勢力則希望賦予各州更多的自治權。

焦點

茶黨運動（Tea Party movement）興起於 2009 年，並於 2013 年達到巔峰，聲稱代表美國人民對抗聯邦政府的獨裁統治。這個運動以 1773 年的「波士頓茶葉事件」（Boston Tea Party）命名——這是對當時反對英國政府壟斷茶葉進口的一場抗議行動。茶黨主張聯邦政府在經濟和社會中的角色應降至最低，並要求大幅削減稅收和公共支出（國防領域除外）。茶黨的參與者主要來自中上階層，並在南部和東部的聯邦州中迅速發展壯大。

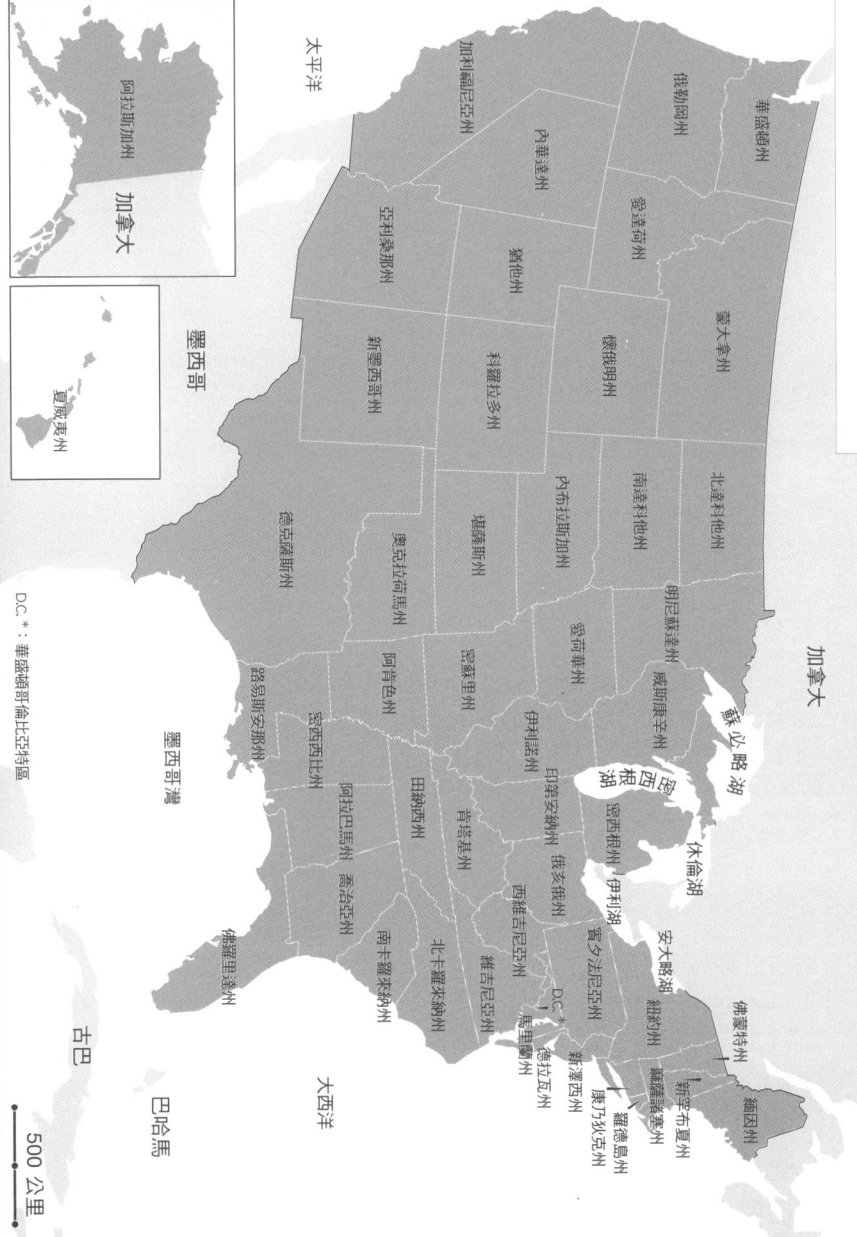

2
獨一無二的民主體制？

民主被定義為一種政治體制，在這種體制中，權力（希臘文為「cratos」）掌握在人民（demos）——即全體的公民——手中。美國和法國長期爭論誰先建立了現代民主，法國的民主是否更流於意識形態，而美國的民主實務？事實上，這兩個國家持續不斷在政治哲學、制度和公共政策等方面相互借鑑。

談到主權屬於人民，美國的投票權經歷了漫長的發展過程：黑人在1870年之前無法享有投票權，美洲原住民直到1890年才取得選舉權，而女性則是1920年。儘管如此，許多地方依然透過各種限制措施，阻礙少數族群參與投票。因此，1965年通過的《投票權法案》（Voting Rights Act）禁止了一些南方州份施行的歧視性措施，包括藉由語言、文化常識測試來限制少數族裔登記選民和參與投票的權利。

無大多革新的選舉制度

自18世紀末以來，兩黨制和利益團體的影響力一直是美國政治

權力與制衡

美國憲法的制定者為了與被視為專制的英國體制劃清界線，設計了行政、立法和司法三權的嚴格分立制度，這即是「制衡體系」（Checks and balance）。每個權力機構都強大且具自主性，並能制衡其他兩個機構。例如，國會議員責立法，但總統可以使否決權，而國會可以利用三分之二多數票推翻總統否決，重新通過該法案。憲法雖劃分了權力範圍，不過有時某些職責歸屬於哪一方並不明確。

然而，當今遊說集團和金錢在政治中扮演的影響力（政治獻金

幾乎無上限），大大挑戰了這些基本原則。此外，許多具有重要決策權的職位仍由任命產生：特別是聯邦法官以及由總統提名（並經參議院批准）的終身制最高法院法官。這些法官擁有極具影響力的權力。如果與法國相比，這些權力同時涵蓋了法國的最高法院、憲法委員會、歐洲最高行政法院以及歐洲人權法院。

《權利法案》（Bill of Rights）是美國憲法的前十條修正案的統稱。

體制的特徵。總統選舉（包括總統和副總統）每四年舉行一次。國會由眾議院（共435名議員，根據全國人口分布分配席次，例如加州有52席，而懷俄明州只有一席。議員任期為兩年）和參議院（共100名參議員，每州2席。參議員任期為六年，每兩年改選三分之一的席次）組成。

每隔兩年，國會選舉便與總統選舉同時舉行：而另外國會選舉同時舉行，則在總統任期中間舉行，被稱為「期中選舉」（Midterms）。選區分界每十年根據人口普查數據重新劃定，目標是讓每個選區維持人口數量上的平衡。然而，這種定期的選舉重劃並未完全排除黨派利益的考量。

要點

在美國，投票權逐漸向所有人開放（非裔美國人、原住民、女性），但種族歧視一直持續到1965年通過的法律（《投票權法案》）才終止。總統每四年選舉一次，立法機構由眾議院和參議院組成，眾議員每兩年選舉一次（參議院改選約三分之一的席位）。此外，司法權構成了美國的第三個權力分支。雖然美國實行嚴格的三權分立，但現金遊說集團和金錢在政治中的影響，使這些原則的正當性受到質疑。

焦點

托克維爾[1]（Tocqueville）認為，民主與其說是一種政府體制，不如說是一種社會或人民制度。他於1831至1832年訪問美國後撰寫的《民主在美國》（De la démocratie en Amérique）中，他指出，19世紀前三分之一時期的法國與美國社會之間的差異，比法國君主制與共和制兩個時代的變化來得大。在他看來，法國更傾向革命精神，美國則更接近民主精神。他也因此對歐洲可能出現「多數人暴政」的風險表達擔憂。

---

[1] 法國19世紀政治學家、思想家，著有《民主在美國》、《舊制度與大革命》（L'Ancien Régime et la Révolution）等書。

O16　GÉOPOLITIQUE DES ÉTATS-UNIS

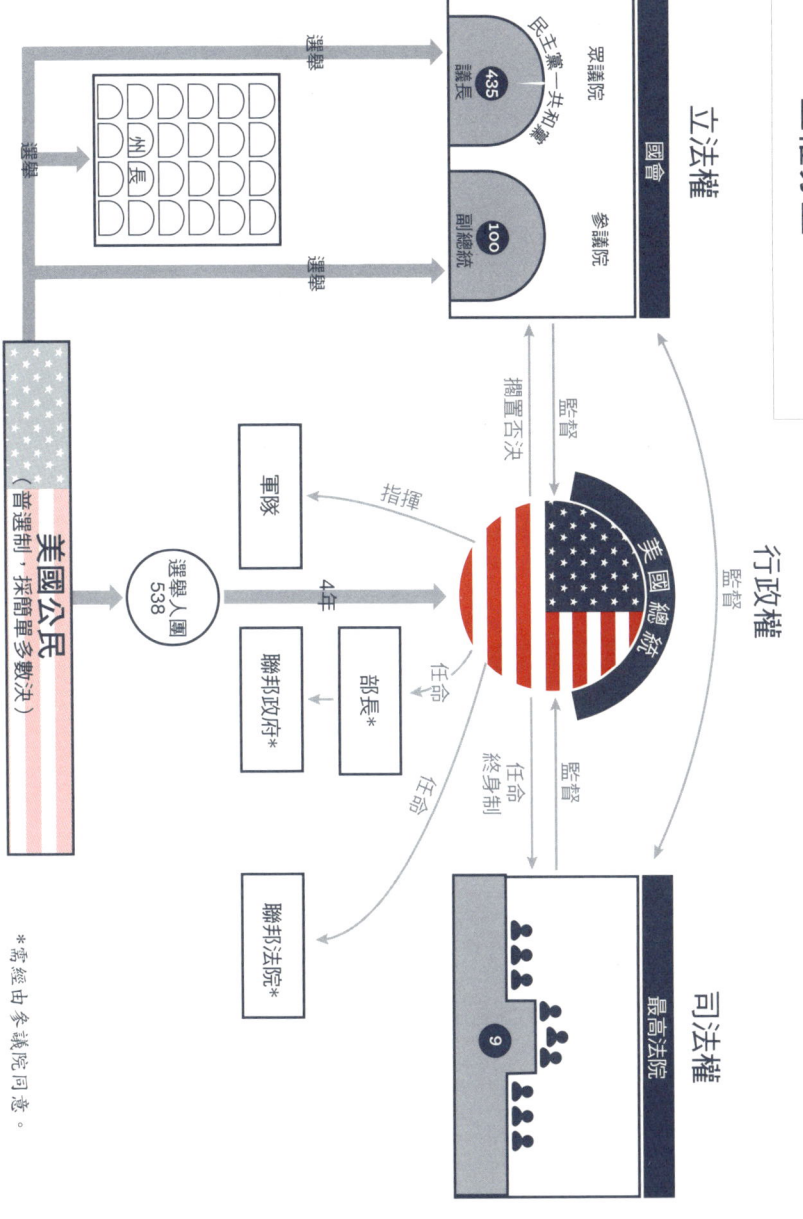

3 至今屹立不搖的建國神話

當代美國在文學、繪畫、音樂和娛樂文化，以及在語言和政治生活中，都深深受到許多所謂的「建國」神話影響。「白手起家」（Self-made man）的傳奇故事，指的便是那些「憑藉一己之力」，赤手空拳闖出一番事業的人士。洛克菲勒（Rockefeller）常被看作此形象的化身，而其他人也試圖以此自居，儘管有時會「竄改」故事（例如川普的例子）。

美國也被視為一片被「由下而上」、「從無至有，建立起來的拓荒者之地，與歐洲國家形成鮮明對比。確實，早期的英國殖民者在北美定居時，並沒有受到任何「高高在上」的國家保護，因此個人自主的精神備受推崇。這也導致美國社會對於社會福利政策的質疑，甚至嘲諷為「依賴主義」（Assistanat）。新教[3]（Protestant）也在其中扮演重要角色，正如馬克斯·韋伯（Max Weber）的觀點，新教與資本主義的原則相契合，使得個人成功與財富的累積幾乎成為一種宗教價值。

自由還是自由主義?

「疆界」指的是歐洲移民的定居地與尚待開墾的西部領地之間的分界。這也象徵著移民可以四處遊走的自由以及對廣袤大地的熱愛，以牛仔（Cowboy）和在文學裡被浪漫化的「流浪波希米亞人」（Hobo，homeless bohemian 的縮寫）為代表。這個神話一部分解釋了美國境內的強大流動性，無論是為了找工作，抑或單純想換個生活方式（例如退休或年輕人），甚至是許多移民被迫而非自願地遷移至北方或更具吸引力的大都會。

在美國，社區的影響深遠。無論是宗教、種族、民族，還是地方性，學校或家庭社區，這些團體都在地方的互助傳統中發揮重要作用，

同時也與身份認同問題緊密相連。這種身份認同既可以包容（例如愛國主義），也可能具有排他性（如種族主義），使得美國「大熔爐」（Melting Pot）的理念遭受威脅。

（Libertarianism）運動支持個人最大化的自由，反對政府的干預（特別是聯邦政府）；然而，在家庭和性別問題等社會議題上，某些自由意志派的態度相對保守。「自由主義者」（Liberal）一詞在美國通常指的是文化和知識界的左派。

自由主義在美國跟在其他地方一樣，代表政治上的自由（民主）和經濟上的自由（創業精神和做生意）。自由意志主義

美式生活的持續吸引力

「美國夢」經常出現在政治演說中，其理念是「在美國，人人皆能成功」，這項承諾在美國國界之外引起迴響。工作、能力以及運氣滋養了這個個人贏得成功的神話，形成了 1950 年代大力推廣的「美式生活方式」。

因此，美國被視為一片「應許之地」，體現一種「昭昭天命」（Manifest Destiny）的信念，認為美國有責任將民主與自由的理想傳播到全球。這種觀念有時近似於宗教的傳教熱情，但也曾以「文明」的名義強行壓制（甚至有時是屠殺）其他民族。這種信仰理念不必然導向和平的局面，2000 年代在伊拉克和阿富汗發動的戰爭即為一例，也因此在全球引起越來越多的質疑聲浪。

這種四處遨遊的「疆界」神話，常常反映在電影和文學的牛仔角色中。

要點

美國的文化、語言和政治生活深受多個建國神話的影響。例如，美國人將自己視為拓荒者，因為他們來到了制度尚未完備的一片土地上。同時還有許多「白手起家」的傳奇故事，代表靠自己努力獲得成功的人。此外，「社區文化對美國人來說也極其重要。最後，「美國夢」的概念經常被提及——代表人人皆可成功的一種理念，不過對大多數人來說，這仍然是一種烏托邦式的想像。

焦點

在大眾文學、電影和音樂中，美國 66 號公路（Route 66）承載了美國許多經典的傳奇故事。這條公路橫跨八個州和三個時區，從芝加哥出發，延伸到洛杉磯。許多電影都受到它的啟發：從丹尼斯·霍珀（Dennis Hopper）執導的《逍遙騎士》（Easy Rider）至雷利·史考特（Ridley Scott）執導的《末路狂花》（Thelma & Louise）、巴瑞·李文森（Barry Levinson）的《雨人》（Rain Man）和辛密克斯（Robert Lee Zemeckis）的《阿甘正傳》（Forrest Gump）；同樣的，約翰·史坦貝克（John Ernst Steinbeck）的小說《憤怒的葡萄》（The Grapes of Wrath）或傑克·凱魯亞克（Jack Kerouac）等的《在路上》（On the Road）文學作品亦深受影響，這條公路持續為藝術創作注入靈感。

---

[2] 指人們過度依賴政府或社會提供的援助和福利，造成他們不願自力更生。
[3] 新教，即基督新教，在 16 世紀歐洲宗教改革運動中，因反對羅馬教宗統治而分裂出來的基督教各教派的統稱。
[4] 19 世紀時的政治標語，後來成為標準的歷史名詞，表達美國憑藉天命，對外擴張，散播民主自由的信念。

020 GÉOPOLITIQUE DES ÉTATS-UNIS

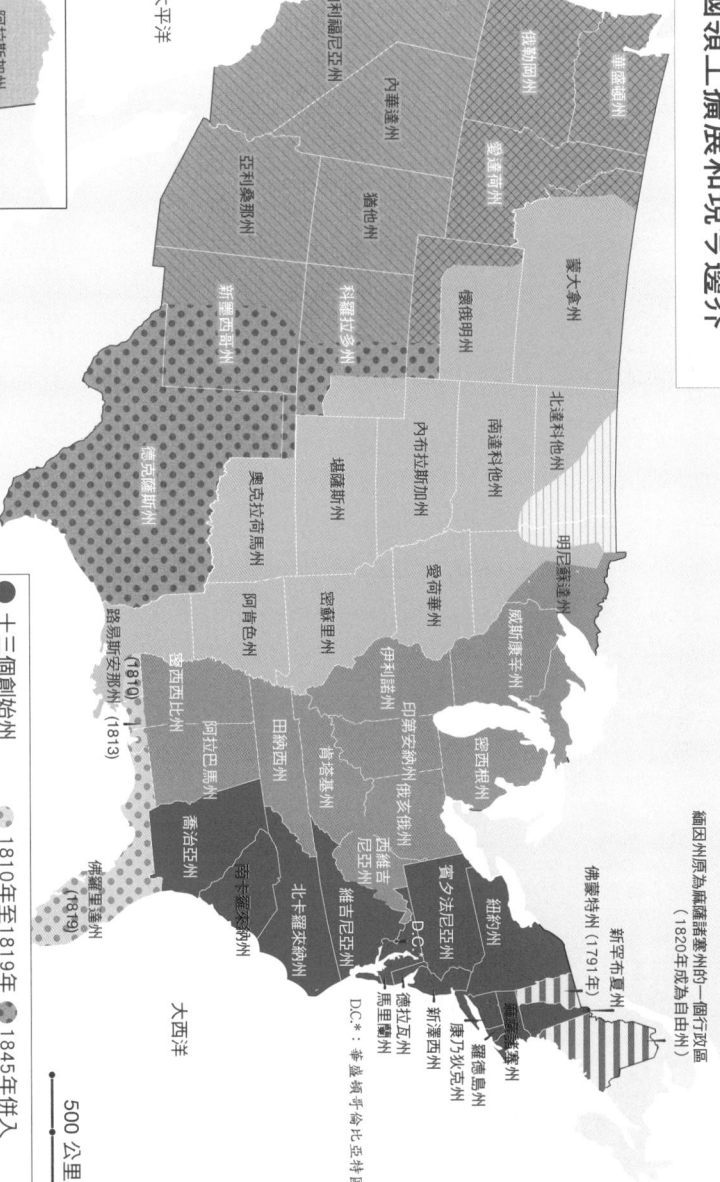

4 英美式的世俗主義

在美國以及普遍的基督新教國家,宗教不僅理所當然被認為是信仰與靈性的表現,還是一種構建或鞏固社會與社區關係的方式(無論是全國或地區性層面)。因此,宗教在美國的公共空間和日常生活中,比起法國等世俗化國家,佔據了更加重要的位置。

由激進派教徒建立的國家

最早的英國殖民者多為激進的新教徒,他們希望建立一個「新耶路撒冷[5]」(New Jerusalem),這與「昭昭天命」的觀念密切相關。因此,美國現代的建國基礎染上了濃厚的宗教色彩,相近於瀰賽亞主義[6](Messianism)。新教反對天主教「一元化且至高權威」的教會體系,這促使各宗各派(主要是基督新教)在美國各地林立的現象,直至今日仍方興未艾。美國約分之三的人口認為自己是基督徒,與法國不同,美國的政權並未經歷與主流宗教劃然分離的過程,因此宗教在美國被視為多元化的存在。

宗教作為一種社會連結

美國自憲法頒布以來，確立了宗教與政治的互不干涉，即便在傳統上，新任總統就職宣誓時仍會手按《聖經》，演說也時常以「願上帝保佑美國」作結。然而，美國並沒有官方宗教，美國憲法第一修正案保障了宗教、意見和言論自由。儘管如此，宗教的道德力量仍滲透進政治之中——尤以共和黨為盛，例如清教主義、反墮胎、反對同性戀抱持質疑的態度。儘管近年來，美國在同性議題方面已有極大進展，例如同性婚姻在美國全境的合法化。

宗教更多時候被看作為一種「公民信仰」，意即一種不面向任何特定教會的國家精神基礎。例如，宗教牽繫涉入公共領域（如美元紙幣上的「我們信仰上帝」格言、或旅館住房中經常擺放的《聖經》），試圖在強調個人主義的美國文化中建立人與人的連結。今日，參與宗教活動的人數比率不僅下降，自認依附附某個宗教的人數比例也減少中，特別是年輕人之中。

美國是移民與難民的淨土，保障宗教與政治自由，但這並未消止宗教排斥現象，例如反猶太主義和伊斯蘭恐懼症（Islamophobia）依然存在。自 2001 年 9 月 11 日（簡稱 911）恐怖襲擊及「伊斯蘭國」（ISIS）崛起以來，美國在孤立主義的氛圍之下，對穆斯林的排斥情緒大幅升高；同時，有關恐攻的陰謀論廣泛流傳，而且多半仍是源自反猶的情緒。

> 宗教被看作是一種「公民信仰」。

要點

正如許多新教國家一樣,美國的宗教確實包含信仰和靈性層面,但同時也被認為有助於促進社會連結。雖然政教分離,但政治生活仍深受宗教的影響,因為宗教構成了國家的精神基礎。美國保障了宗教和思想的自由,但這並不遏止宗教排斥的現象,例如反猶太主義、伊斯蘭恐懼症、恐同以反性別歧視等問題。有時,這些偏見以「自由」的名義被合理化。

焦點

聖經地帶(Bible Belt)指的是美國南部和東部的數個聯邦州,許多曾屬於美利堅聯盟國,這些地區以嚴格的宗教信仰——基督教基要主義(Fundamentalism)著稱,這些地區在道德觀念(尤其對性觀念)上非常嚴謹。相較其他地區,在這些州,限制或禁止墮胎以反對LGBT族群的歧視性法律比其他地區更為常見。文化戰爭也延伸到圖書館和學校,例如對某些書籍的審查。

5 指當耶穌再次回到人間時,新天新地的首都。
6 相信「彌賽亞」(即救世主)會降臨拯救眾生的信仰。

宗教在日常生活中的影響（民調）

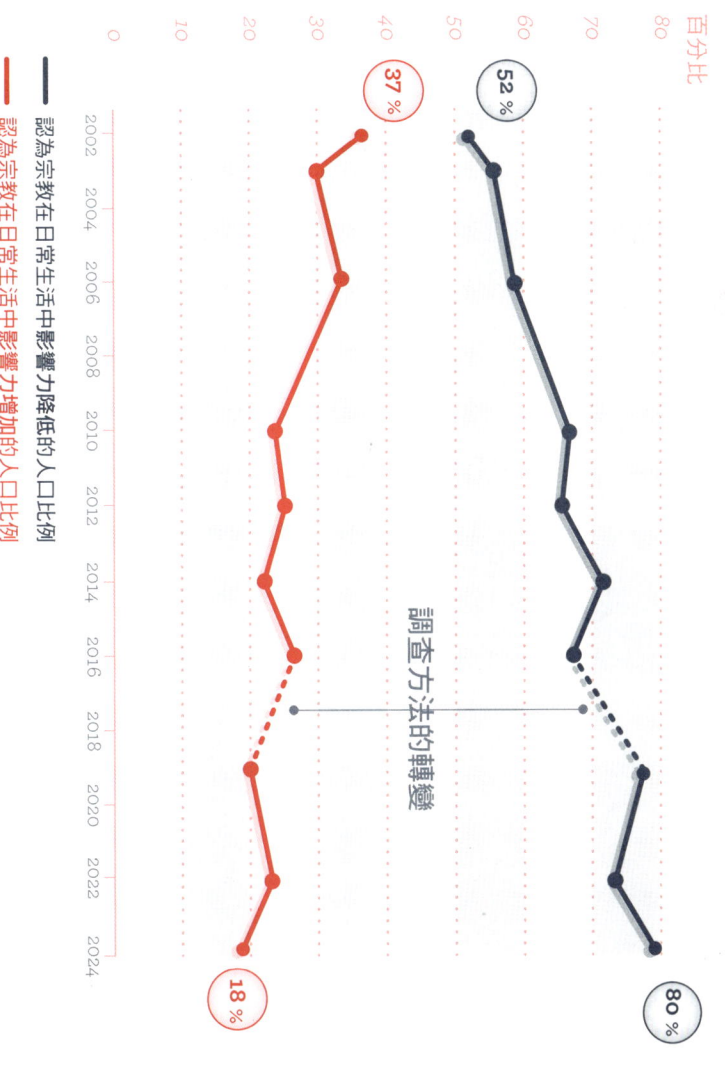

— 認為宗教在日常生活中影響力降低的人口比例
— 認為宗教在日常生活中影響力增加的人口比例

此圖表並未納入不表態的受訪者。虛線顯示2016年至2019年間調查方法的轉變。自2019年起，數據來自由美國皮尤研究中心（Pew Research Center）設立的「美國趨勢小組」（ATP）。2016年之前，數據透過電話訪收集，訪談的問題略有不同。

5 不再「合眾」的美國？

美國夢是否已經成為無法兌現的承諾？許多觀察者，包括記者、研究人員和慈善團隊，皆憂心忡忡。因為自20世紀80年代以來，尤其是2007至2008年金融危機之後，美國的貧富不均現象急速惡化。美國的中產階級逐漸消失，社會正呈現出貧富兩極分化的趨勢，這一現象雖顯見於所有西方國家，但在美國尤為嚴重。

聯邦各州之間的貧富差距大

加州的國內生產總值（GDP）高達四兆美元，這個位於太平洋沿岸的州成為全球第五大經濟體。德拉瓦州的低稅政策吸引了眾多企業設籍總部於此地。而內華達州、喬治亞州、佛羅里達州和德州經濟繁盛，吸引了大量投資和勞動人口。相比之下，那些依賴於傳統產業的地區則面臨著轉型困難的挑戰。

自2010年以來，美國失業率不斷下降，但換來的代價是兼職性工作大幅增長和大批勞力密集工作的消失。此外，自2020年以來，通貨膨脹衝擊民眾的生活，加大貧富差距，尤其反映在食品、住房等

基本生活成本方面。

種族間的分歧也日漸擴大。拉丁裔和非裔美國人，尤其是女性，在貧困人群中的比例遠高於亞裔美國人和白人。

日漸多元的文化

人口結構的變化也引發了社會的擔憂與抗拒。現今在美國的白人新生兒比例不及一半，無論是因奴隸制度而被迫移居，或出於生計和扭轉生活的希望而跨越邊界，歐洲移民（義大利人、愛爾蘭人、希臘人、東歐猶太人）、亞洲移民（中國人、韓國人、越南人）、還是拉丁美洲移民（如墨西哥人、波多黎各人），通常會暫時（至少在初期）集中在自己的社區中。

「大熔爐」的理想似乎已成過去。1990年代，人們常用「沙拉碗」(Salad bowl) 來描述美國——各社區彼此相鄰但不融合。不過對年輕世代來說，這種說法並不完全適用。來自各種背景的年輕世代，尤其是亞裔和拉丁裔美國人，「種族融合」(métissage，雖然這一詞在美國很少使用）和異族通婚現象逐年增加。即便如此，在教育和職業層面上，族裔間的鴻溝仍舊存在，且因不同的州而異。

最後，教育、健康等社會政策在不同政治傾向的州之間差距逐漸拉大。根據州政府的政策取向，有些州減少了公共權力的干預，而另一些州則在某些領域加強政府的限制。

今日的美國人口
由來自全球數百個
民族融匯而成。

要點

在經濟層面上，美國各州之間提供的機會不均等，尤其在應對2008年經濟危機時，各州的應對方式差異甚鉅。通貨膨脹和失業率對各州居民造成的衝擊不一。

焦點

科學研究表明，在新冠疫情期間，民主黨執政州與共和黨執政州執行的衛生政策，對疫情致死率產生截然不同的影響。研究分析了各州的新冠肺炎防疫措施（例如2020年的封城天數、強制佩戴口罩天數、疫苗接種率），並結合了社會人口學變因（例如種族、貧困率）及生物學變因（例如年齡中位數、慢性病因素）。結果顯示，各州對感染的因應性措施大相徑庭。在共和黨執政州，採取的防疫措施較少；比起民主黨執政州，共和黨執政州人口的生理條件是預測死亡率的主要關鍵因素。這場黨派之爭所導致的防疫措施上分歧，影響了美國新冠肺炎的死亡率。

居住大都會市區的窮人

2021年按當地生活成本調整的平均收入和補助

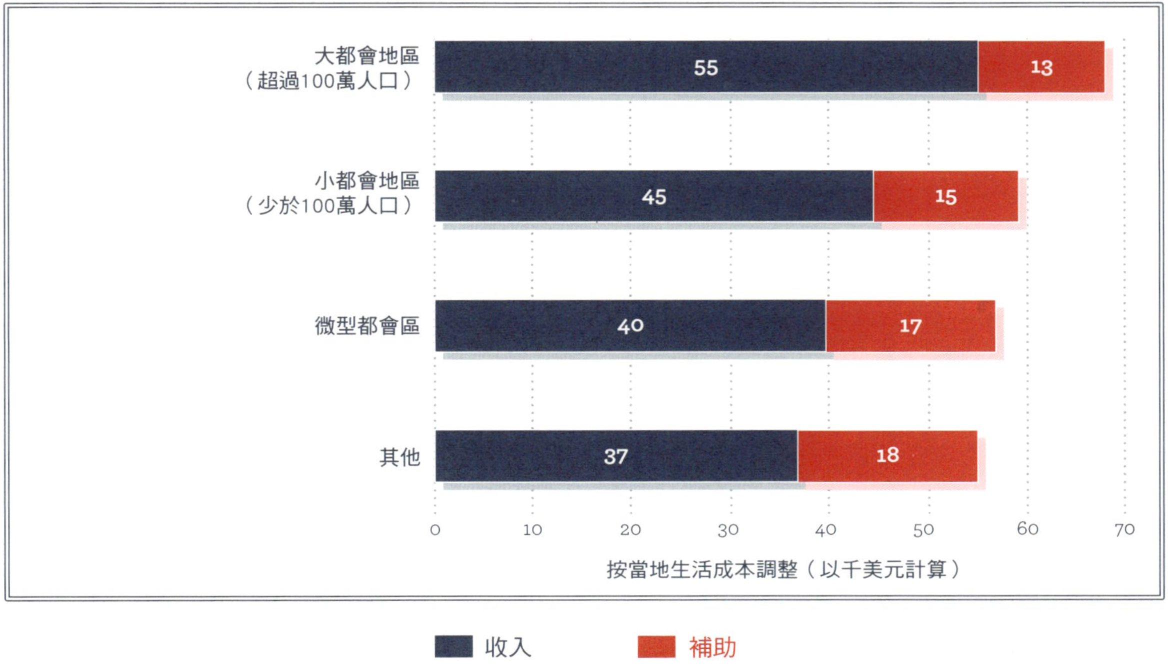

地區	收入	補助
大都會地區（超過100萬人口）	55	13
小都會地區（少於100萬人口）	45	15
微型都會區	40	17
其他	37	18

按當地生活成本調整（以千美元計算）

圖例：■ 收入　■ 補助

6 移民的夢土

自17世紀以來，美國一直吸引來自世界各地的移民。移民不僅是美國歷史的核心，也是國家地理上的特徵——這個國家本質上向世界開放。美國擁有與加拿大和墨西哥相連，共12,000公里長的陸地邊界，以及毗鄰大西洋與太平洋、共22,000公里長的海岸線。

然而，或多或少受到法律限制，及移民原國籍的不同，遷徙的過程時有中斷。最早抵達美國的移民，包括英國殖民者和工人，他們於紐約這個傳奇港口登岸；隨後到來了歐洲移民（如愛爾蘭人、法國人、荷蘭人、斯堪地納維亞人、再來是德國人、波蘭人和俄國人）。他們夢想致富，或為了逃離貧窮和迫害而來。這些白人移民的後代，被稱為「白人盎格魯撒克遜新教徒」(White Anglo-Saxon Protestant, WASP)，預估將在2050年成為少數族群。

1790年，美國制定的《歸化法案》(Naturalization Act)，明確規定僅有「自由白人」才能獲得美國國籍，這實際上指的是擁有土地的白人男性。此外，還有迫被迫遷

一波接一波的移民潮

從 1850 年到 1930 年，新一波移民潮湧向美國，原因多半是與經濟或政治因素（如納粹的崛起）有關。隨後，由於戰略產業的勞動力需求變化，或國族主義政策的考量，從 1930 至 1960 年代，美國收緊了移民限制，實行移民配額制。

不過早在 19 世紀末，中國移民便因《排華法案》(Chinese Exclusion Act) 而被禁止入境。這條法案是為了遏止外國人的「淘金熱」，一直到 1943 年才真正被廢除。因此中國移民，乃至更廣義的亞洲移民，事實上是從 1950 年代才開始加州的人口結構。

從，主要來自非洲的大批奴隸、美國原住民即在衝突中遭屠殺或被邊緣化，淪為二等公民。

佈蔓延及拉丁美洲的多次政治危機後，美國再次加強移民限制歐洲，佈退出於安全（如打擊伊斯蘭恐怖主義），也是社會經濟上的考量（無論今的移民主要來自中南美洲（印度為最大宗）以及中南美洲拉丁裔的人口組成多元，來自不同國家、社會階層和宗教，主要集中在美國南部各州，當地的路標和廣告經常有英文和西班牙文並列。

大量湧入的非法移民

非法移民問題成為現今美國社會的焦點。目前約有超過 1,200 萬非法移民在美國生活和工作，包括數十萬名的「追夢人」(Dreamers)。這些人年幼隨父母非法入境，隨後在美國受教育和工作，但身份問題卻仍未被合法化，主因是民主黨和共和黨近二十年來始終無法達成共識。

歐巴馬政府在八年執政期間，創下遣返 250 萬移民的紀錄，而川普政府的移民政策則重在建設美墨邊界圍欄。不過，一來這堵擋牆早在比爾·柯林頓 (Bill Clinton) 執政時期就開始修建，二來，大量移民其實是透過其他途徑入境。川普在第一任期實施了「穆斯林禁令」(Muslim Ban)，限制許多穆斯林國家的公民入境，以及在新冠疫情期間限制庇護申請，後來被納入常規法律中。

喬·拜登 (Joe Biden) 上任後，由於 2022 年和 2023 年大量移民湧入，迫使他加強墨西哥邊境的管制。川普的右派勢力奪取政權後，他們計畫廢除在美國出生的孩子享有美國公民權，即便父母並非美國公民國籍，他們還打算驅逐數百萬非法的移民，甚至包括一些合法移民。

要點

從歷史與地理的角度來看,要說移民是美國建國的幕後功臣也不為過,無論他們是出於自願、生存需求或是被迫流亡到美國。自18世紀末以來,基於地緣政治考量,或由於美國內政問題,美國頒布各類法律,有些促進移民人政,有些則反過來限制移民人口。關於新移民反其後代可能帶來的威脅或機會,人們的輿論意見時常淪為政治操作的工具。美國設有一項名為「綠卡抽籤計劃」,每年通過抽籤的方式,讓數萬名移民獲得工作和居留許可。

焦點

多年來,移民問題一直是美國與墨西哥外交政策的核心。大多數來自中美洲國家的申請庇護者會先過境墨西哥,再抵達美國。拜登上任後,為回應左派民主黨的期待,以「人性化」方式處理非法移民的邊境管理,因此中止了川普執政期強制將父母跟子女拆散,以反停民驅逐無成人陪伴的未成年移民政策。不過自2021年以來,面對前所未見的大批移民湧入,加上共和黨與民主黨在國會上對政策缺乏共識,2024年拜登頒布的行政命令,採取了多項嚴厲措施,包括:不論任何庇護申請者都一律驅逐,直到邊境移民數量顯著下降為止,並大幅縮短庇護申請的審核時間。

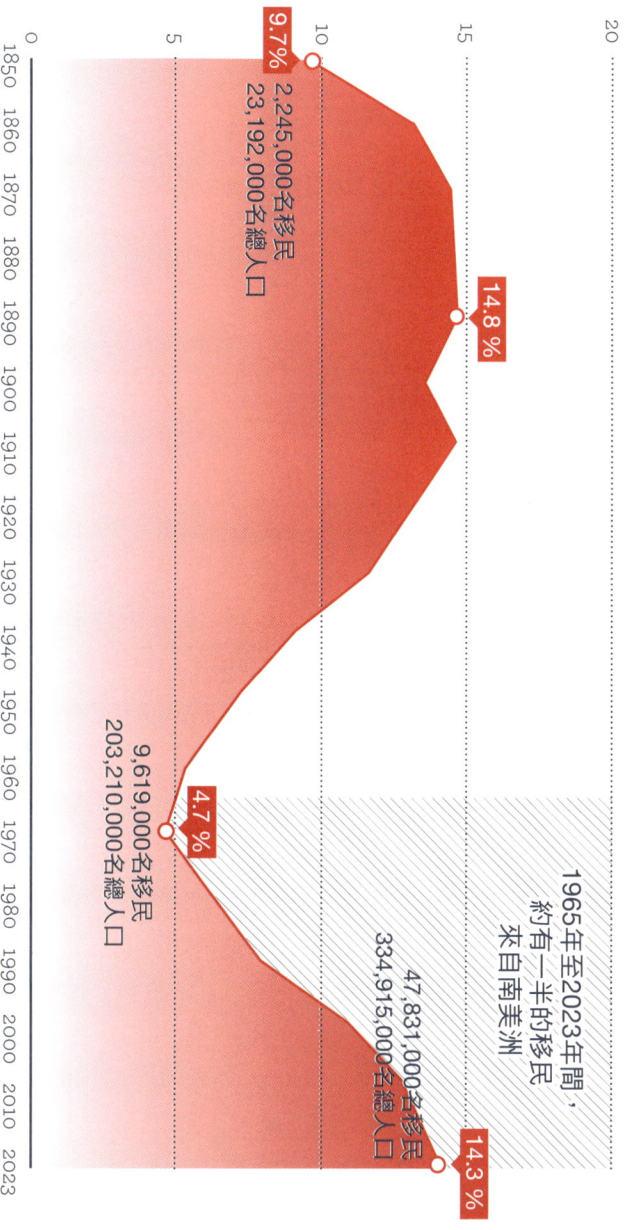

7 過時的選舉制度？

民意調查和政治經濟學研究顯示，過去二十年來，美國人對他們的民主境況感到極為憂慮。一方面，他們對政府機構（尤其是聯邦機構、總統府和國會等）的信任度降至最低點。另一方面，政黨被認為無法真正代表民意和維護民眾的利益。這種情況不是美國獨有，不過這個國由國家與地方各自保有權力的聯邦制國家中，呈現出一種特殊的風貌。造成這一局面的原因，一部分是由於某些制度和機制過於陳舊，另一部分則源於極右派扭曲民主的意圖。

對選舉制度的不信任

美國選總統的方式，即選舉人團制度，常受到猛烈批評，因為候選人有可能在普選票未贏得多數的情況下當選。另一個被稱為「傑利蠑螈」（Gerry-mandering）的不公平選區劃分手法，也因其利用劃分選區來服務派利益、扭曲民主原則，也飽受抨擊。

2021年1月6日，極右派支持者在國會大廈發動的暴亂，源自川普拒絕承認選舉結果，其川普支

持者企圖推翻2020年總統選舉結果認證,而採取的激烈行動。「選舉被翻案」的陰謀論進一步加深了大多數共和黨選民對民主制度和選舉過程的疑慮。

2021年,美國國會議員共收到超過一萬次威脅,在地方層面,許多保守派主導的議會竭力強行通過各類限制法條,包括限制郵寄通票、提前投票、甚至企圖以黨派方式控制選舉結果。無論左派或右派,對選舉的質疑聲浪越來越高,不僅投票站、連選票的計算過程也逐漸成為保護的重點。

最高法院的正當性日益受質疑

美國最高法院由九名終身任命的法官組成,這些法官由總統提名,權力之大,在全球民主國家中無可匹敵。長期以來,這一機構備受尊崇,但自2000年代初以來,因多項裁決以及部分法官涉嫌貪腐的傳聞,其公信力逐漸下滑。

最高法院理權詔越黨派立場,基於美國建國原則和19世紀通過的憲法修正案精神,為公共利益服務。從判例法(Jurisprudence)的演變來看,最高法院確實曾賜予異族通婚和同性婚姻的憲法權利,或做出終止學校種族隔離等裁決。

但是過去二十年來,美國最高法院的政治色彩越來越濃厚,自2020年起,最高法院由六名極保守派法官和三名進步派法官組成,其裁決日益被認為是在服務大企業和極端宗教保守勢力的利益。例如,典型例子是2022年6月的「多布斯訴傑克森婦女健康組織案」(Dobbs v. Jackson Women's Health Organization)推翻了1973年的「羅訴韋德案」(Roe v. Wade),取消了墮胎權的憲法保障,並將相關決策權交由各州處理。這一裁決受到美國大多數民眾的反對,而是總統任命且任期終身、損及人越漸認為不受民選、而是由總統任命的黑箱作業,最高法院不再被民主的一種再被視民主限制多數派濫用權力的一道防線,而是民意的隔離;不僅未能統一全國各地聯邦法院的判例,反而成為分裂的根源。如今,人們不再求助於最高法院來解決法律的合憲性爭議,因為它已淪為黨派鬥爭的工具。

2000年,最高法院裁決停止佛羅里達州的重新計票,將選舉勝利判給小布希(George W. Bush),這一決定已重創它的聲譽。隨後,法院又接連作出多項引發爭議的裁決,例如支持雇傭歧視、放寬環境污染管制,以及認定在任總統幾乎享有完全的司法豁免權(這一裁決被許多人視為偏袒川普)。

要點

美國民眾對國家的民主制度的態度顯得矛盾不一。雖然民主依然穩固，但它的不堪一擊也越來越受批評：從美國總統選舉中採用的選舉人團制度，到手握大權、但正當性日益受質疑的最高法院，越來越多的選民期待一場變革。此外，反民主人士在言語與行動上的猛烈攻擊，亦成為一大憂心來源。

焦點

美國憲法規定，總統和副總統由選舉人團「按照各州立法機構的規定」選出。國會議員不得擔任選舉人。因此，選舉人由共和黨和民主黨在各州挑選，這些人通常是熱心黨員、志願者、政治遊說者、公職人員或退休的政治人物。每州的選舉人數量依該州的人口比例分配，但至少有三名選舉人。美國選舉人團總共有538名選舉人，總統候選人需要獲得至少270名選舉人的支持才能贏得總統大選。人口較少的州，例如阿拉斯加州、懷俄明州或佛蒙特州，各有三名選舉人；而人口眾多的加州則有54名，德克薩斯州有40名。

[7] 源自1812年美國麻薩諸塞州長埃爾布里奇·格里（Elbridge Gerry）在任內簽署的一項選區重劃法案，將選區劃分得形狀怪異，像蠑螈（salamander），以利民主黨在選舉中獲勝。

對最高法院持正面／負面看法的統計
（以百分比表示）

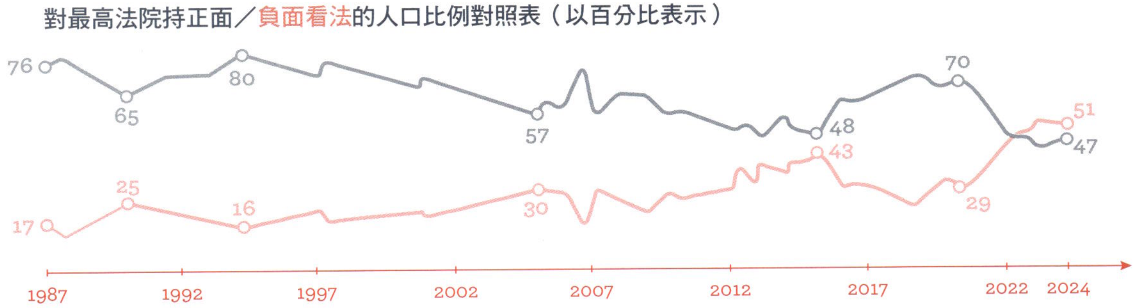

對最高法院持正面／負面看法的人口比例對照表（以百分比表示）

76, 65, 80, 57, 30, 48, 43, 70, 47
17, 25, 16, 29, 51

持正面看法的人的比例：

80, 75, 73, 79, 83, 65, 61, 33, 75, 73
58, 54, 61, 24

—— 共和黨   —— 民主黨

1987, 1992, 1997, 2002, 2007, 2012, 2017, 2022, 2024

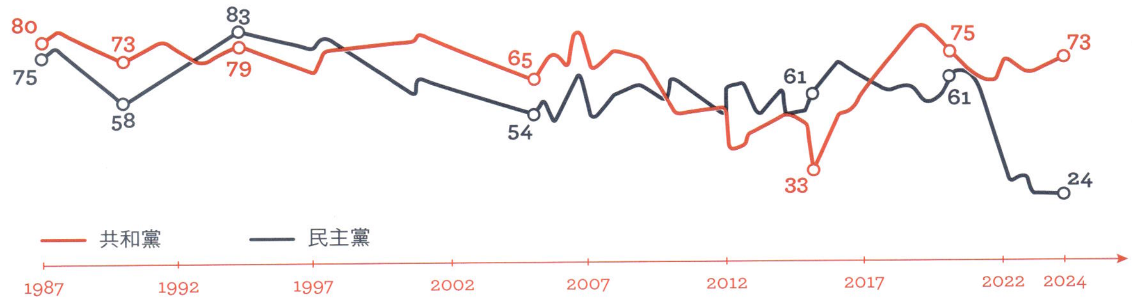

此圖表並未納入不表態的受訪者。

8 歷史尚未終結

美國依舊稱霸全球

美國依然是世界第一強國，無論在經濟上（2024年美國國內生產總值達28兆美元，中國以18兆美元居次），或是科技產業——擁有眾多科技巨頭GAFA（谷歌、蘋果、臉書和亞馬遜）。此外，對全球網路的掌控、娛樂產業的龐大影響力，使美國穩居國際間操有話語權的強國之一。

美國是否已經徹底告別冷戰時代？儘管自1980年代末以來，世界已經發生天翻地覆的變化，美國早已無法扮演「世界警察」，然而它的軍事預算仍遠超過所有其他國家。

只不過，冷戰時期的思維模式和懷舊情感並未消退，例如美國通過北約組織（NATO）介入烏克蘭戰爭就再度展現此點。當下世界局勢的不確定性和國際關係的錯綜複雜，除了正在加強文化影響力的中國和印度，以及更延伸的地區如金磚國家（BRICS），也在跟美國爭奪領導權，造成全球緊張局勢持續升級。

038 GÉOPOLITIQUE DES ÉTATS-UNIS

無法化解的歷史矛盾

新保守主義者(Neo-conservatism)長期在華府佔主導地位，尤其是在共和黨內，但在民主黨中也舉足輕重。這種「二元對立」的世界觀已跟時代脫節。他們的共同點是瞄準一個外部敵人，來尋求自身的定位——過去是共產主義者、「無賴政權」(又稱「流氓國家」)和「邪惡軸心」，而今是中國、俄國、伊朗(抨擊程度較小)，尤以「伊斯蘭國」為主要。

在國會的支持下，在川普第一任期和拜登任內重啟軍備競賽，不僅美國軍事預算節節升高，有關地緣政治風險的言論，也讓包括亞洲、波斯灣區國家和歐洲在內的許多國家憂恐不安，這些國家紛紛進購軍火，許多來自美國製造商。

法蘭西斯・福山（Francis Fukuyama）在 1989 年所言：歷史的終結雖未到來，但資本主義早已取得勝利。只不過，福山引自黑格爾（Hegel）有關「歷史矛盾的超越[8]」一說，事實上並未成真。無論是對新自由主義的優勢，抑或對民主理想的認同，直到現在都莫衷一是。思想論戰尚未終結，而地緣政治的緊張局勢將更為險峻。

2024 年，美國的軍事預算高達 9000 億美元。

要點

即使美國不再像冷戰時期以「世界警察」自居，但憑藉全球第一的國內生產總值和龐大的軍事預算，它仍是世界首屈一指的大國。許多人仍未擺脫對冷戰的懷舊情結，或者習慣將某個國家定位為敵人，而無視地緣政治的複雜性，以及那些決心要挑戰美國霸主地位、正崛起的新興強權。

焦點

福山認為，他在 1989 年提出的「歷史終結論」依然適用。換言之，自由民主的政治和經濟模式，已在全球大獲全勝。他認為，建立在個人領袖的威權終將消亡。然而，民主國家正面臨內部的威脅，特別是民粹主義的領導者。為解決這些問題，他主張應更有效地對抗貧富不均，並鞏固民主和自由主義的制度。

[8] 黑格爾認為矛盾是推動歷史發展的內在動力。每一個時代，思想體系或文化形式都隱含著某種矛盾，而這些矛盾通過辯證的過程被克服，進而產生新的形式。因此，歷史不是隨機的，而是一個邏輯有序的進程。

2003年至2018年間美國軍事預算

支出（以十億美元計）

- 2003　437
- 　　　468
- 　　　479
- 　　　644
- 　　　721
- 　　　793
- 2009　816
- 　　　852
- 　　　855
- 　　　816
- 　　　746
- 　　　754
- 　　　736
- 2016　767
- 　　　794
- 　　　825（預估）

小布希 / 歐巴馬 / 川普

9 從歐巴馬到川普：美國的二元對立

川普接替歐巴馬成為美國總統，儘管他並未拿下過半的普選票，但這一結果仍跌破眾人眼鏡。這兩位總統無論個人特質或政治理念，都有著天壤之別。可以說，這代表了兩個截然對立的美國面貌，川普正是針對歐巴馬的一記「迴力鏢」。

川普的報復精神

歐巴馬時常被貼上「軟腳總統」和「道歉總統」的標籤，在他兩屆任期內，共和黨對手時常批評他縱容伊斯蘭主義（Islamism）——雖這一詞經常跟聖戰主義或伊斯蘭教（Islam）混為一談——以及在國際上表現得不夠強硬。川普是質疑歐巴馬國籍的陰謀論鼓吹者之一，他以「軟弱」與「放縱」等言詞來貶低前任者，同時自稱是「強悍的總統」。川普多次公開表達心中強烈的復仇情緒。他試圖徹底抹去歐巴馬的政治遺產，但並未完全成功：攻擊醫療保險改革、宣布退出《巴黎協定》和退出伊朗核計畫等。

政治妥協的終結

川普總統自當選以來，便展現決心要在外交政策上破舊立新。他認為應善用「交易的藝術」（The Art of the Deal）來取代與外國強權妥協的原則；同時削弱多邊主義、質疑聯合國和北大西洋公約組織（NATO）的角色、參與世界衛生組織（WHO）及聯合國教科文組織（UNESCO）的必要性，以及多條貿易協議的功用：北美自由貿易協議（NAFTA）、世界貿易組織（WTO）、跨大西洋貿易及投資夥伴協議（TTIP）。「讓美國再次偉大」（Make America Great Again）意即「單打獨鬥」；「力量」與「威嚇」等詞語成為川普執政府的主論調。

這樣重建美國領導地位的承諾，不僅代表政策的轉向，也象徵執政風格的沈著換新，以及支對總統角色的重新演繹。「優先」於其他國際事務，這不是美國獨有的現象，因為美國一向將自身利益置於第一順位，即便在同盟關係之中亦是如此。但隨著川普的上台，這一理念的宣示方式與手段大為扭轉：恐嚇、威脅、虛張聲勢，甚至侮辱和強行施壓，無不於總統的公開談話

中，此舉面下的外交活動還頻繁，推翻歐巴馬政治遺產的股執念，是川普外交政策的一大驅動力，亦代表與歐巴馬政府切割。

跟多元文化日益向世界分化的美國價值觀背道而馳。隨著人口和社會變遷，美國的種族和民族多樣性已走到了無可逆轉的地步，這將導致歐洲裔白人在 2045 年成為少數族群，而拉丁裔、非洲裔和亞裔美國人將成為絕大多數。早在歐巴馬的兩個任期內，茶黨運動便嚴厲抨擊了這一無可避免的人口變化趨勢，而川普企圖阻止這個局面到來。

> 「為了我們國家的利益，我希望川普可以認真對待這份工作，但他從來沒有這樣做。」
> ——歐巴馬，2020 年

要點

無論從處理念或施政風格上來看，歐巴馬與川普都截然不同。前者致力妥協；後者對自己前任總統挾帶報復心理。無論對內或國際事務都主張強硬路線。在外交政策方面，川普排斥中介組織的介入，將政治對手視為敵人，同時推行孤立主義與脅迫恫嚇的外交策略。

焦點

在2009年至2011年期間，川普是「出生地懷疑論」（Birther）的主要煽動人之一。這場陰謀指出歐巴馬偽造出生證明，宣稱他的出生地為肯亞而非夏威夷，因此並非美國公民，不具備總統資格。儘管陰謀論最終失敗，但部分美國民眾長期以來仍懷疑歐巴馬可能來自肯亞、同時還是個穆斯林信徒。川普深諳反歐巴馬的種族主義情緒所帶來的政治效應，並將此轉化為總統競選的助力。

9 《交易的藝術》（Trump: The Art of the Deal）為川普於1987年出版的自傳，內容結合自身的商業哲學、經驗和各種成功案例。

獲得補充營養援助計劃（SNAP）補助的美國民眾

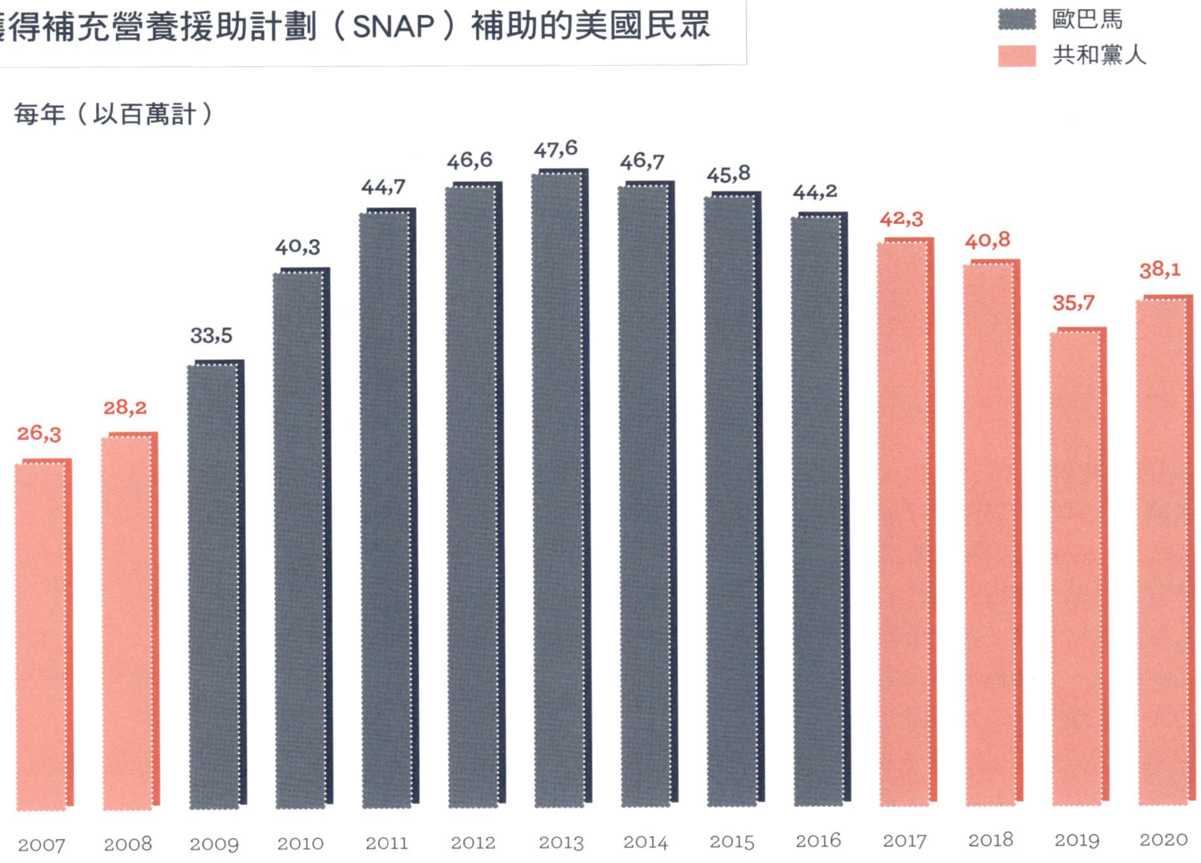

每年（以百萬計）

年份	數值
2007	26,3
2008	28,2
2009	33,5
2010	40,3
2011	44,7
2012	46,6
2013	47,6
2014	46,7
2015	45,8
2016	44,2
2017	42,3
2018	40,8
2019	35,7
2020	38,1

■ 歐巴馬
■ 共和黨人

10
拜登政府：
川普時代的短暫插曲？

美國總統拜登自上任起，便以苑若廣告合詞的「美國回來了」（America is back），向全球宣示。他不僅將致力打造美國成為制度運作的秩序與價值觀的「民主典範」，更要彌補川普第一任期內失去的國際信任與影響力。

拜登的外交政策，延續了美國自19世紀以來民主黨和共和黨秉持的傳統，遊走在道德原則與現實政治（Realpolitik）之間。他的執政基調聚焦於民主與專制體制的對抗，要求每個國家正視自己的經濟與戰略利益，並承擔責任。

尋求政策一致性的挑戰

2021年3月3日，國務卿安東尼·布林肯（Antony Blinken）發表演講並發布《國家安全戰略暫行指南》（Interim National Security Strategic Guidance），闡明華府的外交與安全政策優先事項。拜登政府希望「振興」並「現代化」與傳統盟友的戰略關係，覆蓋範圍從拉丁美洲、印太地區、再至歐洲遍及全球。同時，他也意圖重振外交，以回應川普對國務院表達的不

046 GÉOPOLITIQUE DES ÉTATS-UNIS

信任和「深層政府」(Deep state）等指控,並向美國公民和勞工證明,這些政策也跟他們生活息息相關。

不過,當全球正四分五裂到無以復加的局面,加上美國因軍事或人道援助而生的衝突,似乎使和平的希望漸漸渺茫,拜登政府的外交決策,正如歐巴馬時期的無人機戰爭一樣,面臨堅守民主與人權價值的巨大挑戰。尤其,美國對於以色列的支持（共和黨比民主黨更無條件支持),並且對巴勒斯坦人的命運漠不關心,讓民主和人權價值觀開倒車,引起全球,包括西方國家,質疑美國的「雙重標準」:為何美國對於烏克蘭平民的同情和提供援助,並未套用在（或給予極少支持)加薩走廊和黎巴嫩巴勒斯坦平民身上?因此,自 2023 年以來,這激起學生和非政府組織的抗議行動。

懷念失去的領導地位

美國對於失去全球領導地位的恐懼,既非無中生有,卻也不合時宜。自 2023 年以來,雖然抨擊美國說一套做一套的聲浪不斷增加,但人們對美國的期待卻絲毫未減。

對拜登而言,他必須展現領導人的魅力,並在公共衛生、科技創新及環境議題上維持「軟實力」的領先地位。在川普上任後,他的「交易式外交」回歸後,這個艱難的平衡幕也隨之破滅。

> 「一個時代正在結束,一個新的時代正在作出的決定將決定未來幾十年的走向。在這關鍵時期,美國正以實力發揮領導作用。實力源於我們的謙卑和自信。」
> ——安東尼·布林肯,2023 年

要點

為了揮別川普時代，拜登制定四大戰略框架：第一，積極主動地讓美國重返國際事務（「美國回來了」）；第二，重塑美國的國際形象；第三，推行溫和的多邊主義；第四，在地緣政治議題上重拾領導地位。只不過在某種程度上，拜登的總統任期更像是漫長「川普時代」之中的一個短暫插曲。

焦點

川普代表了一股全球民粹主義浪潮的美國面貌。這股浪潮基於對文化菁英的排斥、煽動對女性與世界主義的仇恨；以反利用眾人在面對一個支離破碎且充滿不確定性世界所產生的恐懼。它還推崇極端的資本主義，企圖終結法治國家。川普經常打資訊戰、散佈虛假災難性且充滿暴力的訊息。無論是在民主制度內、還是其他地方，所有由「強人」領導、非自由主義或威權的政體，都提出一種奠基於「重新找回」國族身分認同的計劃。這種身份帶有排他和防禦性，同時宣揚看似矛盾的兩個觀念——無上限的個人自由和權威，此外，只關注本國利益而跟地緣政治現況背道而馳。

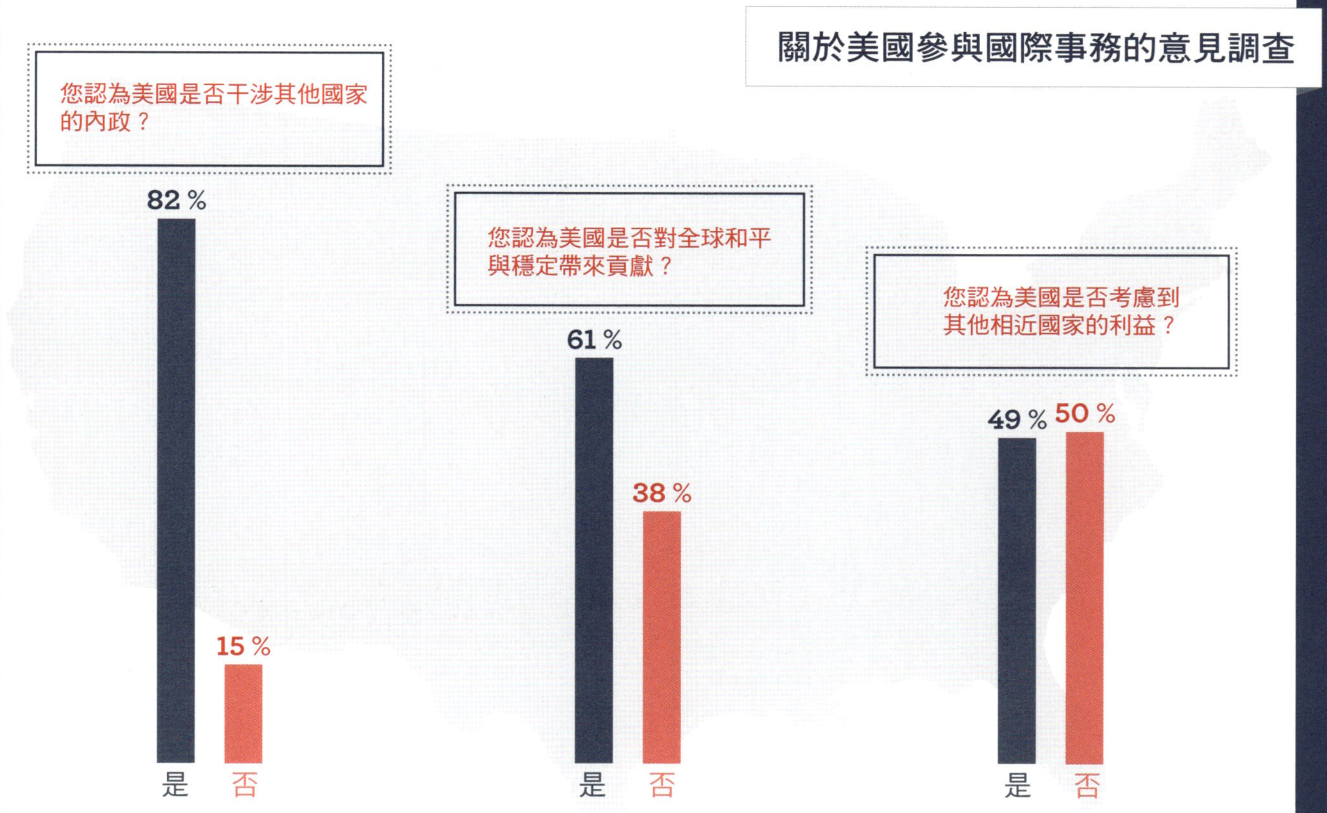

關於美國參與國際事務的意見調查

您認為美國是否干涉其他國家的內政？
- 是 82%
- 否 15%

您認為美國是否對全球和平與穩定帶來貢獻？
- 是 61%
- 否 38%

您認為美國是否考慮到其他相近國家的利益？
- 是 49%
- 否 50%

註：數據為23個州的平均百分比。

第二部

十大主要挑戰

11 身份認同的執迷

根據預測,由於美國人口結構變化的勢不可擋,歐裔血統的白人(即所謂的「高加索裔白人」,這是美國機構使用的術語)是基於個人自願申報而記錄,並非強制劃分種族)將在2045年前成為少數族群,而亞裔、非裔和拉丁裔美國人將成為多數。即便如此,鼓吹白人民族主義的運動仍在美國持續延燒。

歐巴馬時代,白人至上主義者再度抬頭

白人至上主義者厭惡多元文化主義和反種族歧視運動,從歐巴馬執政以來,這股保守情緒尤為高漲。對他們而言,黑人總統入主白宮簡直荒謬透頂,且讓他們極度不安;反過來說,川普的第一次總統勝選則讓這些群體感到如釋重負。在歐巴馬時代,三K黨(Ku Klux Klan)和新納粹主義者(Neo-Nazism)在某些聯邦州的活動明顯增加,即便這樣的極端組織在美國全境總數低於一千,有些甚至只有寥寥幾名成員。這些組織經常舉辦示威活動,

甚至演變為暴力事件。例如，2017年8月在維吉尼亞州夏洛茨維爾，一名反種族運動人士被三K黨成員乘車衝撞後喪生。雖然這些極端主義者並不能代表美國全體白人，但他們的行徑仍引起媒體大肆報導。

拆除象徵種族隔離的雕像和旗幟？

至今約數百座紀念蓄奴將領的雕像或美利堅聯盟國國旗，立在美國東南部的某些州街道上或官方建築前。這些象徵物引發了「國家身份認同」的爭議。極右翼團體的運動希望保留這些象徵，而反種族歧視的人士則要求將它們拆除。這類抗爭議，涉及了歷史詮釋和群體記憶的問題，類似的討論也顯見於歐洲，例如：當地正討論是否保留殖民者支持奴隸制度與殖民主義的政治或軍事人物雕像。只不

過，在美國，大多數雕像於1890年和1940年之間建造，也就是說，它們是在南北戰爭結束許久之後才豎立的，而當時正值種族主義盛行的時代，而美國民權運動約在十年後才開始萌芽。

當美國因經濟全球化與文化交融（尤其是娛樂產業和新科技的影響）而變得比以往更國際化、宗教更多元、更開放之時，這種對所謂「種族黃金時代」的懷舊心態（白人至上主義者可能會如此形容）正在美國社會興起。

因此，這種懷舊也可以被視為一種「奮力一搏」，意圖延緩一個無可避免的現實：所謂「多數中的少數族群」將在未來成為美國的主力人口。而對於白人至上主義者而言，川普重返政壇，則象徵著一次耀眼的復仇。

歐裔血統的白人將在2045年前成為少數族群。

要點

歐洲裔白人族群注定將成為少數族群。前總統歐巴馬當選後，白人至上主義捲土重來。儘管這些極端組織無法代表整體白人社會，他們在多個州的影響力卻有所擴張，並且定期舉行示威活動。在一些城市，至今仍可見到紀念蓄奴將領的雕像，這些雕像建於種族主義氛圍極其濃厚的時代，此外，也仍可見邦聯旗幟飄揚。

焦點

「另類右翼」（Alternative Right，簡稱 Alt-Right，主張白人至上）的創始人理查德·斯賓塞（Richard Spencer）在 2017 年接受《星期日報》（Journal du Dimanche）採訪時表示：「如今我們見到的，是一個後白人時代（post-blanche）的國家。」在他看來，白人確實「每天都在遭受屈辱──一種精神上的死亡。我們正在被同化，例如透過異族通婚中逐漸消融。」他主張建立一個「白人的國家」，並稱之為「具前瞻的想法」。

2016年美國的白人至上主義運動分布圖

- 三K黨
- 新納粹主義者
- 其他活躍團體

D.C.：華盛頓哥倫比亞特區

500公里

阿拉斯加州　加拿大

夏威夷州

太平洋

加拿大

華盛頓州　加利福尼亞州　俄勒岡州　蒙大拿州　愛達荷州　內華達州　亞利桑那州　猶他州　懷俄明州　新墨西哥州　科羅拉多州　北達科他州　南達科他州　明尼蘇達州　內布拉斯加州　堪薩斯州　奧克拉荷馬州　德克薩斯州　愛荷華州　密蘇里州　阿肯色州　路易斯安那州　密西西比州　阿拉巴馬州　田納西州　肯塔基州　伊利諾州　印第安納州　密西根州　威斯康辛州　俄亥俄州　西維吉尼亞州　維吉尼亞州　D.C.　德拉瓦州　新澤西州　賓夕法尼亞州　紐約州　康乃狄克州　羅德島州　麻薩諸塞州　佛蒙特州　新罕布夏州　緬因州　喬治亞州　南卡羅來納州　北卡羅來納州　佛羅里達州

墨西哥

墨西哥灣

古巴

大西洋

12 走向政治兩極化的美國？

如今，人們普遍將美國形容為一個深度分裂、兩極對立的社會。歷史上，美國的政治生活長期由共和黨與民主黨所主導。然而，越來越多選民不再認同這兩個政黨，原因可能是領導人無法回應他們關注的議題，或是現行政策缺乏成效，無法改善他們的生活。儘管美國社會仍然在自由、愛國主義以及社區歸屬感等大原則上保持共識，但激進觀點已日益擴散，不再侷限於激進行動者的小圈子裡，而是更廣泛滲透社會。

以左派而言，環境問題、女權主義、少數族裔權益保障及財富均等分配等議題逐漸成為主要關注議題，激起大部分年輕人參與，並獲得學術界、媒體界與公民團體的強力支持，這些訴求甚至在某種程度上滲透至民主黨內，直到2020年拜登當選總統為止。至於保守派，共和黨自2000年開始逐漸右傾，最終在川普的影響下轉型，打出「讓美國再次偉大」的口號，詹姆士‧大衛‧范斯（James David Vance）被提名為副總統候選人也是這場轉型的例子。

國會無法取得共識

那些改變社會的重要法律，

例如 2008 年歐巴馬的健保改革（俗稱「歐巴馬健保」）、2008 年金融危機後或新冠疫情後民主黨主導的重大經濟援助與振興計畫，都是在獲得共和黨性的最低支持下通過的。美國最具爭議性的移民問題，始終無法促成兩黨共識，導致近 1,200 萬名留來居住在美國的無證件移民面臨相同的困境。若總管制立法地面做出政策決定，行政命令又來做出政策決定，而這與美國政府機關所強調的「政治妥協原則」相悖。2016 年秋天，共和黨參議院領導人阻撓總統歐巴馬任命第九位最高法院大法官，並引發後續一連串重大影響，便是另一代表性的例子。美國參議院還有一項規定：若有至少一位參議員反對結束辯論並進入表決程序，則需取得 60 票（而非 100 票中的 51票）才能通過法案。然而，這項「60 票規則」如今已越來越少被用作兩黨協商的工具，反而越常用於阻撓對手推動任何改革。

這種分裂也反映在呈兩極化的地理區域分布上——越來越多的郡（county）明顯傾向支持民主黨或共和黨。就如同社會媒體中的「同溫層效應」（這個因財富或族裔背景而產生的隔閡現象，在一群體之間的界線不僅越來越固、甚至在兩極加深。如今，人們越來越傾向於選擇住在跟自己價值觀相符的城市或社區。推翻墮胎權的憲法保障、人工生殖政策的挑戰，使得數以千計的美國人（尤其是女性）正在重新考量遷居。在這種情況下，正是這個極度偏相政黨立場的機構——最高法院——進一步加深了社會對立。

不會爆發新內戰

美國的歷史中出現過多次的分裂（獨立戰爭、反對種族隔離的南北戰爭、反對種族隔離制度、#MeToo 運動、反對外國的軍事行動）。這些事件留下深刻美國選民與民眾既非激進分子、更談不上極端化。他們期盼的是生活上的改變。對左派而言，是能員擴得更好的醫療與教育、減稅、限制移民的優質。對右派而言，以及減少來自左派環保與平權議題上讓人產生罪惡感的訊息。總的來說，雖然政治分裂日益嚴重，但抗拒大革命，而是實際上的進步不是對抗革命。因此，即便社會張力升高，也不太可能爆發「新的內戰」。

要點

美國跟所有民主國家一樣，內部面臨著各種分裂與歧見。由於共和黨與民主黨議員在健保、移民、經濟或環保等攸關根本的重要議題上，難以達成妥協，而越來越無法回應美國人民的期望。儘管現今美國社會傾向於按照黨立場，劃分出各自的「同溫層」——這種社會劃分跟過去標準不同，不過若要將美國形容為瀕臨內戰，未免言過其實。

焦點

自19世紀以來，美國曾有多位總統遭暗殺，從1865年林肯在華盛頓劇院遇刺、到1963年約翰·甘迺迪（John F. Kennedy）於達拉斯（Dallas）遇害，還有1881年的詹姆斯·加菲爾德（James Garfield）與1901年的威廉·麥金利（William McKinley），這些事件深深烙印在美國歷史之中，形成跨世代的集體創傷。此外，還有多起刺殺未遂事件，因為案件性質的緣故，許多未被官方公開。但其中最轟動的，莫過於1981年隆納·雷根（Ronald Reagan）在街頭遇襲，以及2024年川普在造勢大會中暗殺未遂。這些暗殺者的「動機」有時與政治有關，但往往模糊不清，甚至涉及心理疾病。例如，曾對雷根開槍的約翰·欣克利（John Hinckley）就曾「解釋」自己的行動，是為了給女演員茱蒂·福斯特（Jodie Foster）留下深刻印象。

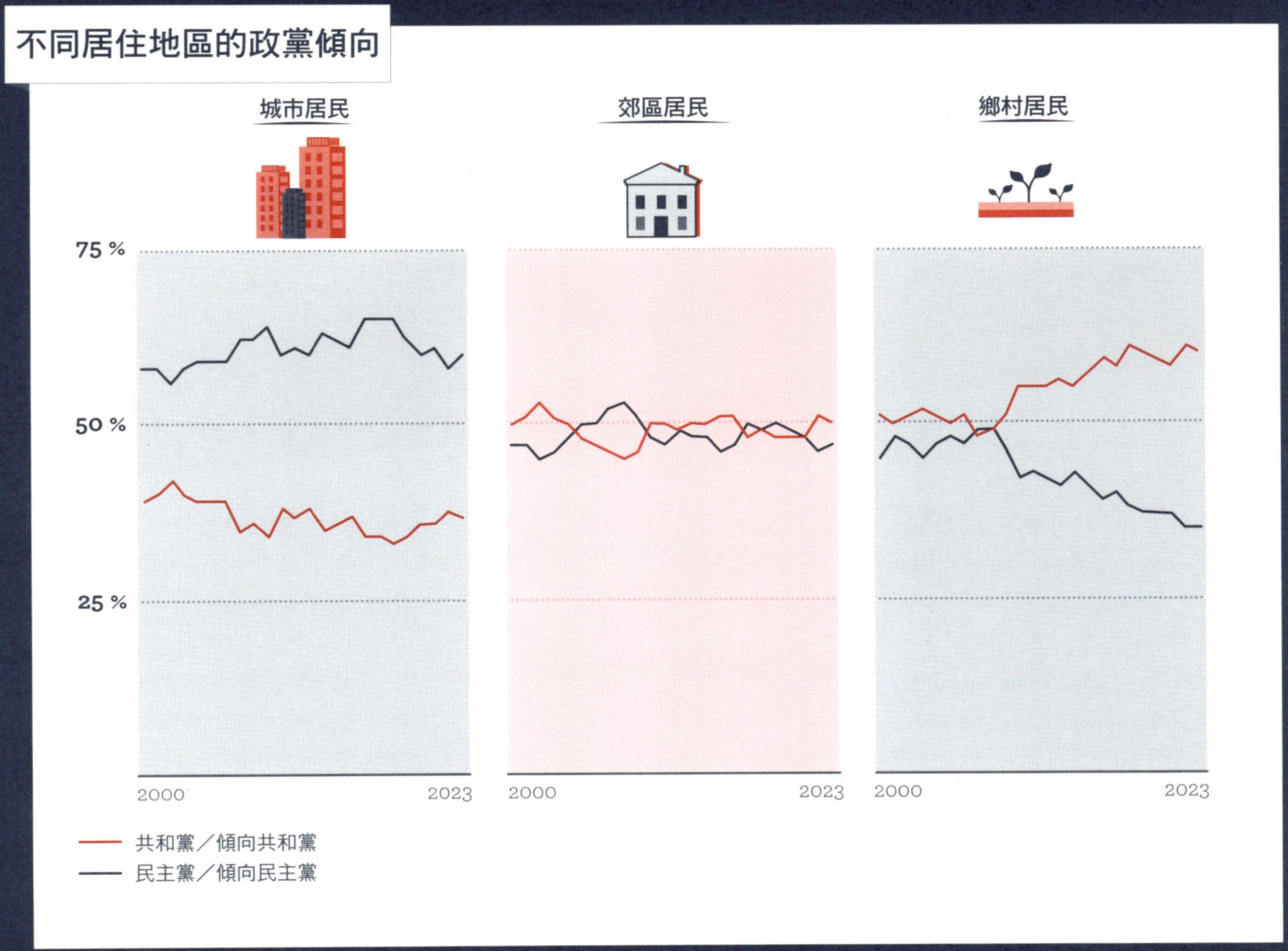

不同居住地區的政黨傾向

城市居民

75 %
50 %
25 %

2000　　　　　　　　2023

郊區居民

2000　　　　　　　　2023

鄉村居民

2000　　　　　　　　2023

—— 共和黨／傾向共和黨
—— 民主黨／傾向民主黨

13 持續貧富不均

正如「世界財富與收入數據庫」（World Wealth and Income Database，簡稱 WID）的研究者指出，自 1980 年代以來，幾乎所有國家的貧富不均都日趨惡化。2007 至 2008 年的金融危機更是轉捩點，因為它嚴重加深了貧富差距，特別是在危機爆發的起點——美國：包含工時不規律且低薪的就業形態增加、房地產泡沫壓垮小型商家、低工資制度的缺失，再加上川普總統任內對高收入階層減稅等。

通貨膨脹危機

自 2018 年起，尤其是在 2021 年中新冠疫情危機結束後，富裕階層受益於手上持有的金融資產，其消費增長速度是貧困群體的兩倍，而資本的報酬率確實高於工資的增幅。此外，越來越多不同種類的領域也依賴著金融市場。

反過來說，收入越低、日常生活中受到通貨膨脹衝擊的程度就越大。然而，美國的經濟成長主要仰賴家庭消費。儘管勞動市場流動性高，失業後通常能迅速找到新工作，但失去工作任任也意味著失去

健康保險,這可能加速個體損耗資困的風險(即便工時短暫)。此外,低階技能工時並不規律,且多為兼職。

在 2024 年第一季度的全美人口每週收入中位數為 1,139 美元,然而亞裔為 1,505 美元,白人為 1,157 美元,黑人為 908 美元,而拉丁裔則僅為 879 美元。此外,男性平均收入比女性高出 17%。高等教育的機會不均等(而目極有可能持續擴大)是造成這一現象的主要原因之一。資產方面亦然:2024

年,一個亞裔家庭的平均財富是白人家庭的兩倍,是拉丁裔家庭的九倍,是黑人家庭的十二倍。自疫情結束以來,由於美國實現了充分就業(Full employment),薪資整體顯著上升。

在大都會區(含金童集地)的工作年輕世代中,初入職場的女性薪資中位數已逐漸趕上近年輕男性。為了解決人力資源短缺問題,企業界也更加重視消除性別歧視的必要性,包含那

此外,拜登政府自 2021 年推動的凱因斯主義式振興計畫,抱注數千億美元,部分緩解了疫情所惡化的社會貧富不均問題。包括向家庭發放以維持購買力、推行短期家庭津貼、以提供育兒稅額減免、幫助因疫情而被迫離職的單親媽媽重返職場。這些政策確實發揮了效用。但也帶來副作用──通貨膨脹加劇。跟全球其他地區一樣,由於俄戰爭以及 2022 年以來的原物料價格飆漲,通膨問題加劇。

出身背景是關鍵

差距依然持續存在,不同族裔間的顯著上升。

「如果你非得讓人卑躬屈膝才顯得高高在上,那真正的問題出在你身上。」

——董妮·摩里森[10]

些隱性且難以察覺的歧視行為,不過,爭取同酬的情況能否延續進涯後期,仍有待觀察,因為職涯進程中仍可能面臨其他歧視性障礙。

要點

在財富與收入方面，2008 年金融危機、新冠疫情以及通貨膨脹，造成貧富不均現象惡化。儘管在拜登執政時期，薪水有所調漲，且政府實施了一系列經濟振興政策，資本報酬率仍高於勞動所得。由於出身背景的差異，獲得高品質教育與高等教育的機會持續不均，並導致貧富差距。不過，在高學歷族群反職場新鮮人之中，性別歧視的現象逐漸減少。

焦點

2023 年，美國最高法院終止了針對弱勢少數族裔青年在大學招生中的優惠性差別待遇政策。在那之前，在有限度受控的情況下，將某些族裔背景納入考量（而不是這麼做的固定名額制度），跟其他招生準則一樣（例如公民參與、運動方面表現優異等），都是合法的。這些皆是基於「維護公共利益」的理由：確保學生群體不過於單一，並防止出現「同溫層」的封閉結構。最高法院認為，成績優異的白人與亞裔申請者因該政策而遭受不公平對待。反對該裁決的人士則指出，某些招生標準，例如「父母為大學捐款人」的身份，反而使白人學生取得不正當優勢。

---

[10] 童妮・摩里森（Toni Morrison）是美國著名的非洲裔女性作家，被視為美國非洲文學及黑人文學的重要代表作家，於 1993 年獲得諾貝爾文學獎。

按族裔劃分的家庭收入統計

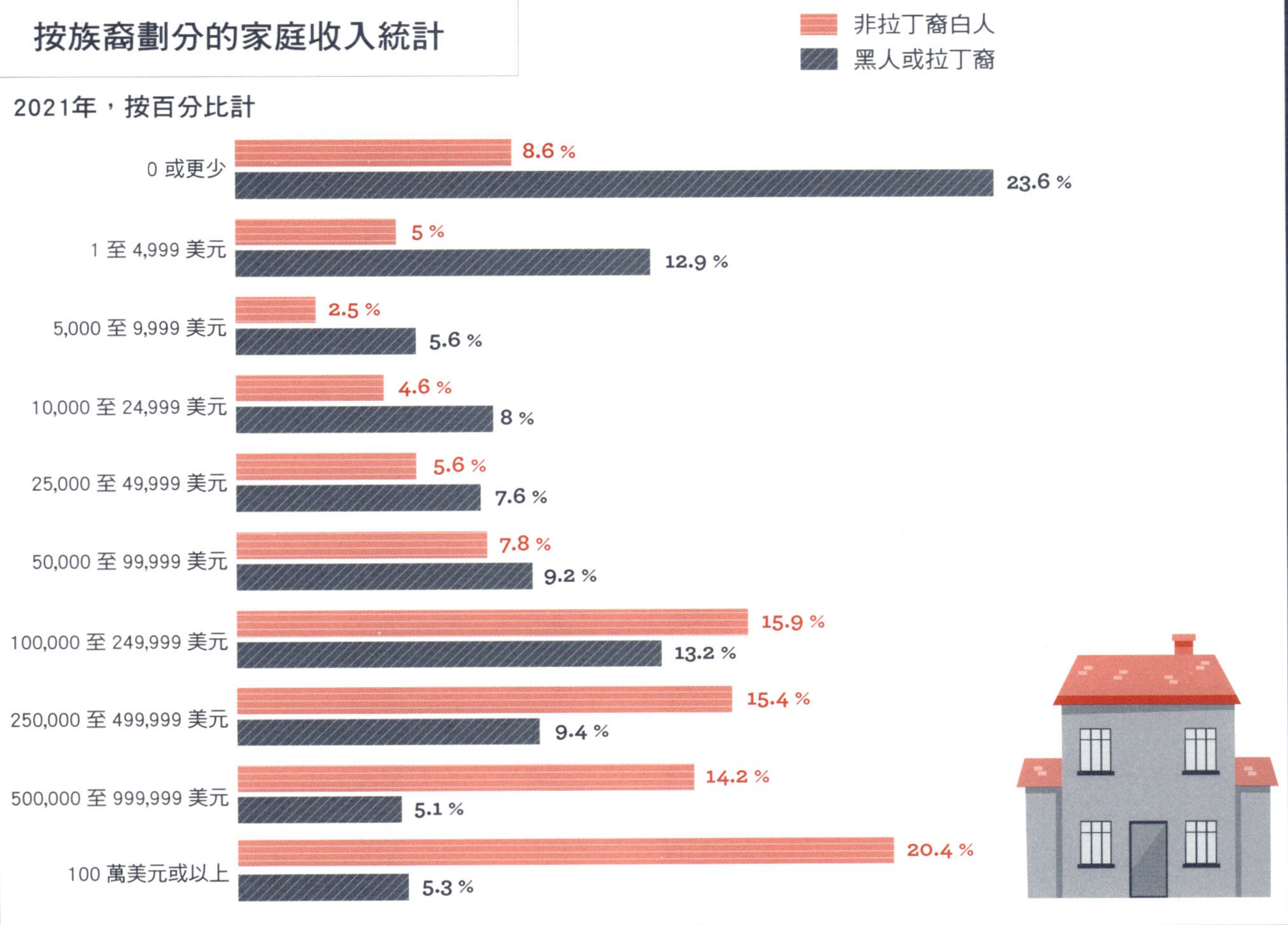

2021年，按百分比計

收入範圍	非拉丁裔白人	黑人或拉丁裔
0 或更少	8.6%	23.6%
1 至 4,999 美元	5%	12.9%
5,000 至 9,999 美元	2.5%	5.6%
10,000 至 24,999 美元	4.6%	8%
25,000 至 49,999 美元	5.6%	7.6%
50,000 至 99,999 美元	7.8%	9.2%
100,000 至 249,999 美元	15.9%	13.2%
250,000 至 499,999 美元	15.4%	9.4%
500,000 至 999,999 美元	14.2%	5.1%
100 萬美元或以上	20.4%	5.3%

14 城鄉差距

自1980年代以來，美國城市地區（特別是東岸與西岸的兩大都會）與鄉村地區之間的差距日漸加深，尤其反映在人口、社會、經濟和選舉層面上。

鄉村人口日益縮減

儘管在經歷1980至1990年代因犯罪、毒品問題及中上層家庭遷往郊區而陷入低迷後，大城市市中心人口已逐漸復甦。2010年，居住在「非都會區」（即低於25萬人口地區）的市民已大幅下滑，僅佔全國總人口的15%，1910年則高達50%。自1970年代、特別是1980年代以來，這一比例大幅下降，主要原因是內部人口遷移，以及當地出生率低於死亡率。

這些地區的發展前景黯淡，還面臨健康問題（例如因「食物沙漠」而導致的肥胖問題）及高失業率——尤其是男性（男性失業在社會觀感上比女性更難被接受）。高等教育入學門檻高，不僅因學費昂貴，也因社會階級複製而造成侷限。在部分地區，平均壽命甚至

出現下滑，主因是酗酒、吸毒（如芬太尼）與自殺率高於其他地區。儘管地方社群仍具有影響力，這種社群力量也正面臨衰弱。

小型農場難以生存：在傳統產業領域，尤其如能源、機械與電子業的小型企業，亦面臨同樣困境。頁岩能源開發與川普當然監管後推動的煤炭產業復甦（儘管仍具不確定性），短期內為部分居民帶來希望，並使特定鄉村地區的人口密度回升。

對未來的不安

在選舉層面上，中西部與東南部的小鎮與鄉村地區傾向支持共和黨。而城市地區傳統上則較支持民主黨。然而，對政治的冷感與疏離導致極高的棄票率，也讓政治版圖變得難以預測。這是一場政治觀的對抗：在社會經濟地位下滑的恐懼之外，還伴隨著身份認同的不確定感，反映在對移民和多元文化主義的排斥。

在對國家、他人及世界的認知上，美國存在著巨大的文化鴻溝。大城市跟美國建國神話的「西部拓荒」價值核心大相逕庭。例如，開著皮卡與大型車、耗油如石油的美國，與騎自行車、使用電動車與環保大眾運輸的美國是兩個完全不同的世界。這種分歧加深了美國內部的對立，儘管對某些政治勢力而言具有選舉利益，但從民主制度的角度來看，極具破壞性。

2010 年，居住在「非都會區」——即低於 25 萬人口地區的市民，僅佔全國總人口的 15%，1910 年則高達 50%。

要點

美國城市與農村存在巨大鴻溝。鄉村地區逐漸被人們遺棄，人口向城市集中，導致鄉村的生活環境惡化。醫療資源越來越稀少、酗酒與憂鬱症的風險越來越高。此外，工作機會同樣下降，許多企業接連倒閉。這種分裂也表現在選舉行為上，無論是強烈的政黨傾向式投票或是選擇棄票，都顯示出民眾對政治體系逐漸失去信任。

焦點

朵洛西・艾利森（Dorothy Allison）1992年的自傳式小說《來自卡羅萊納的私生女》（L'Histoire de Bone）描寫了美國鄉村的無聊、貧窮、未成年懷孕、父權暴力和社會挫敗。這本書走向社會邊緣人致敬：特別是那些奮力維持家庭生計的一代又一代女性。她們撐起家庭，努力讓家人「不被現實吞沒」，即使身處貧困與絕望之中，依然奮力生存。

O66 GÉOPOLITIQUE DES ÉTATS-UNIS

鄉村地區人口的族裔多樣化

2020年，美國**鄉村地區**有24%的居民為有色人種。

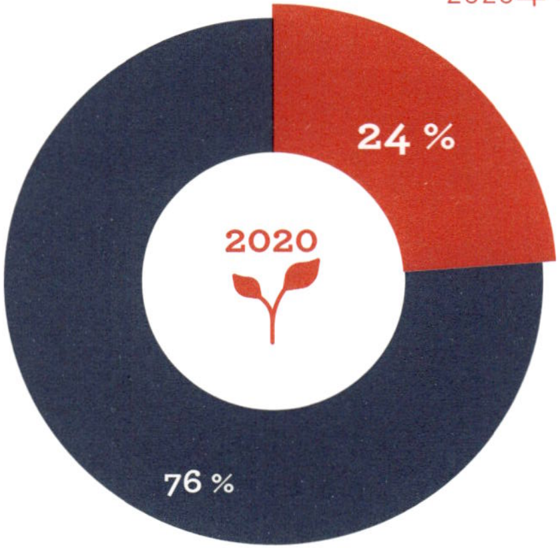

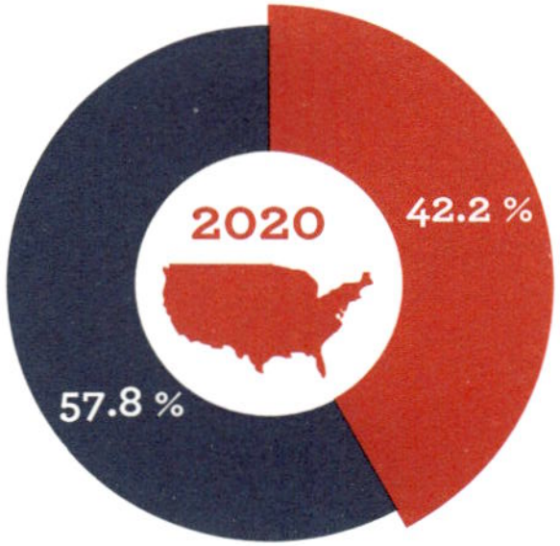

76%
24%
2020

雖然美國鄉村地區的族裔多樣性仍低於全國平均（全國有色人種占**42.2%**），但鄉村地區也正逐漸趨於多元化。

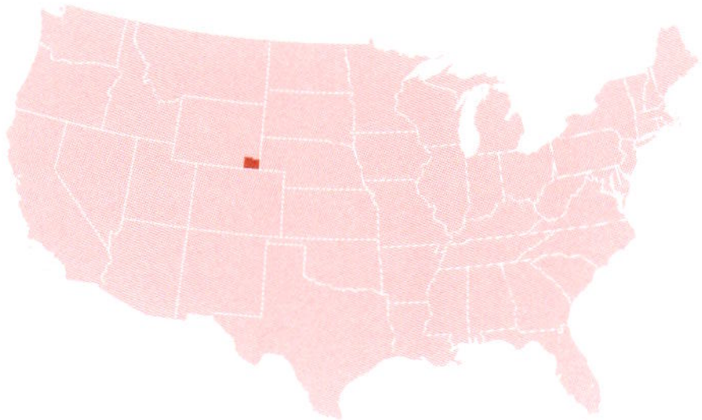

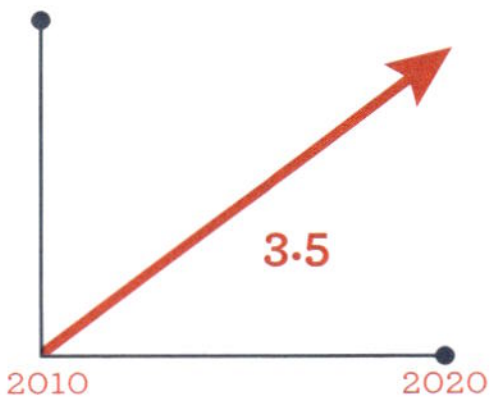

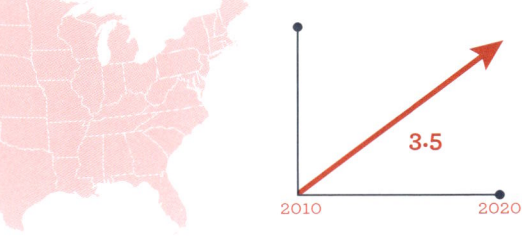

57.8%
42.2%
2020

2010年至2020年間，以所有鄉**村郡縣**的中位數來看，有色人種增加了**3.5個百分點**。

2010
3.5
2020

15 美國去工業化的代價

自 1970 年代中期以來，去工業化導致美國損失了數十萬個就業機會，這使得政府需要做出選擇：追求短期效益或是長久投資。選擇前者，或許能提高政治上的支持率，尤其在政策言論具有影響力的情況下；後者雖然在選舉層面風險較高，但成功推行的可能性較高。事實上，永續發展和人工智慧的升級，產業界皆深知這已是無法忽視的議題。

川普短期主義的「方便之門」

歐巴馬在其執政期間，同時採取了長、短期措施、長期性措施如推動環境保護、以及投資汽車產業、短期措施則是促進銀行業的資本重組。相較之下，他的繼任者則將「短期主義」奉為一項完整的施政原則，他的主要目標是獲得立竿見影的經濟利益、促進美國企業（包括他經營的企業或與他關係密切的企業）贏得市場佔有率。因此，他在永續發展的議題上表達反對立場，卻也沒有提出任何長期的解決之道。

優先開採自然資源也讓川普

能繞過法律、推翻歐巴馬時期的多項重要決策。例如，他剛一上任便簽署了一項名為「能源獨立」的行政命令，廢止 2015 年的《清潔能源計畫》（Clean Power Plan），該計畫的目標是將發電廠的二氧化碳排放量減少至 2005 年的三分之一。

川普宣稱透過重啟化石能源的開採，將創造「就業、就業、就業機會」（jobs, jobs, jobs），並認為破壞自然才是生產力與財富的保證，但這種言論只不過是短期主義的幻想。不過，這種說法引起他選民的共鳴，尤其是來自「鏽鐵帶」（Rust Belt）或路易斯安那州的白人工人階級。同時，這也迎合了能源利益集團的需求，這些集團每年砸下數百萬美元資金支持共和黨及其未來的競選活動。

難以實現的保護主義？

相較之下，拜登則希望優先發展具前景的經濟產業，並推動國會通過大規模的經濟振興與投資計畫，涉及綠色產業、電動車及電子元件製造等領域。然而，這些政策初期主要創造了白領階層與專業技術型勞工的就業機會，導致部分民眾對這類激勵政策的效益缺乏認同。儘管如此，僅在 2021 至 2022 年間，美國製造業就創造了 64 萬個工作機會，工廠建設數量更是增加了兩倍以上。為了競選連任，川普提出大幅提高關稅的主張，以保護美國本土產業，儘管這樣做可能會危及其產業的收益。

川普只提出了追求短期效益的措施。

要點

自1970年代以來，去工業化導致大量工作機會流失。因此，現今必須在短期措施和長期投資之間做出選擇。歐巴馬採取了兩者兼顧的策略，而川普則專注傳統產業；拜登則優先發展綠色經濟與數位經濟。

焦點

政治學家亞莉・霍希爾德（Arlie Hochschild）在2016年的著作《家鄉裡的異鄉人：美國右派的憤怒與哀愁》（Strangers in Their Own Land）中，描述了路易斯安那州居民的生活。他們飽受大型工廠污染之苦，不僅癌症病例激增，農田、湖泊和河流皆無法使用──但他們的政治信念卻未因此動搖。這些共和黨支持者不但不責怪造成污染的企業，反而更厭惡環境保護政策。「他們認為：『污染，是我們為資本主義付出的代價。』」

2022年上半年全球電動車與油電混合動力車銷售排名

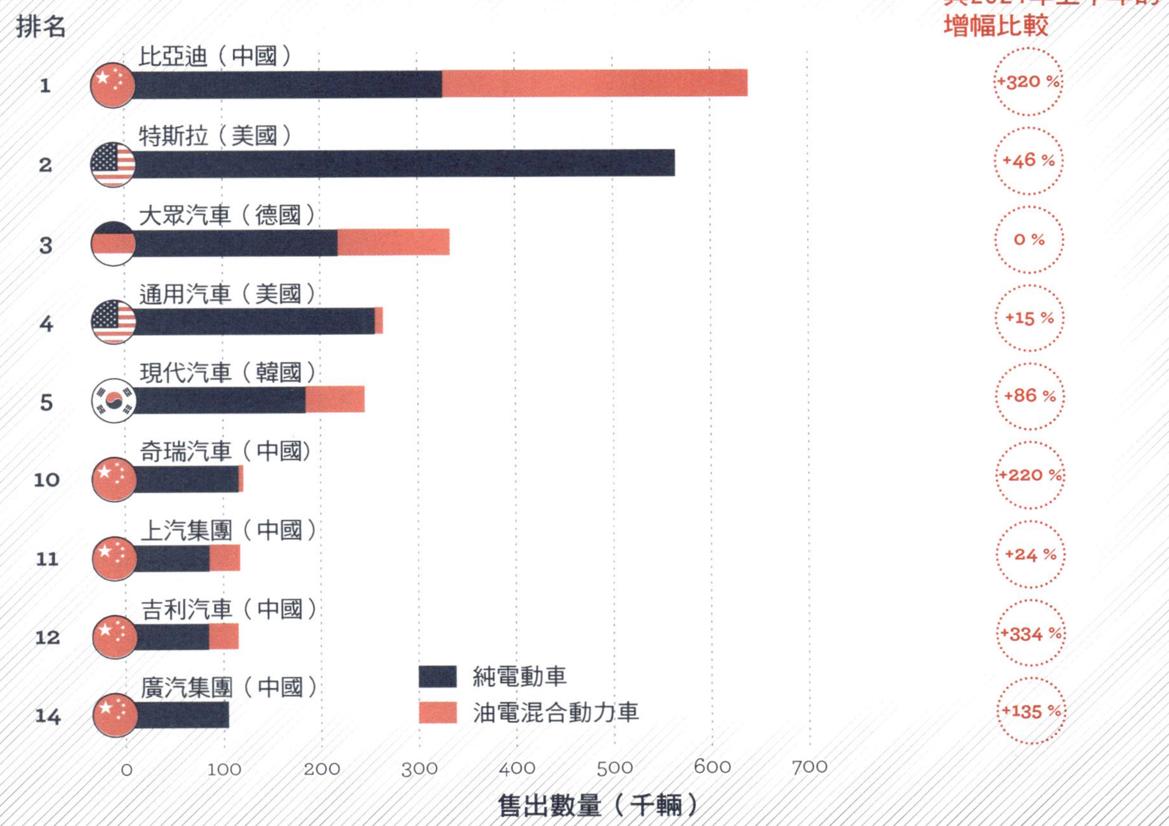

排名			與2021年上半年的增幅比較
1	比亞迪（中國）		+320%
2	特斯拉（美國）		+46%
3	大眾汽車（德國）		0%
4	通用汽車（美國）		+15%
5	現代汽車（韓國）		+86%
10	奇瑞汽車（中國）		+220%
11	上汽集團（中國）		+24%
12	吉利汽車（中國）		+334%
14	廣汽集團（中國）		+135%

■ 純電動車
■ 油電混合動力車

售出數量（千輛）：0　100　200　300　400　500　600　700

16 病毒式擴散的「假新聞」

美國是全球第一個將言論自由與新聞自由列為憲法的國家，這些權利被明文寫入其憲法第一修正案中。同時，美國也是社群媒體的發源地，而社群媒體既可以體現民主意見交流的崇高價值，也可能呈現最黑暗的一面：誤導性資訊或刻意模糊的內容、謠言、錯誤預測、諷刺、玩笑，或是出於宣傳目的而蓄意編造的謊言——「假新聞」（fake news）並非新鮮事，不過這個詞語是川普在第一任期時才浮現。兩極化的意見與資訊混亂，損害了民主制度賴以運作的公共辯論。

在數位時代，假新聞的特徵是高度「病毒式傳播」的能力，即以指數型速度在網路上擴散，並被更「傳統」的政治與媒體言論所引用。假新聞的目的在於指控、製造混亂與爭議，引起眾聲喧嘩、轉移焦點，或是讓對手失去公信力。此外，由於媒體仰賴「衝突」與「炒作」來吸引關注與收益，強調吸睛和煽動情緒（特別是負面情緒），這使得錯誤資訊往往比真相傳播得更快。

隨著 AI 工具被大量運用於生成與傳播假訊息，內容以文字、圖像或聲音呈現。（例如，偽造名人聲音來呼籲支持某位候選人，即是一例。）

假新聞倚賴並強化「社群效

應」：社群媒體讓人傾向只與同溫層互動，形成「資訊濾泡」，缺乏與他人氣才樹大招風」。這場謊言水有中介，且多以匿名交流（即便網路上並不存在真正的匿名）。即便沒有追蹤任何陰謀論帳號，用戶仍會接收到演算法推送的「建議內容」（例如 X 平台上的「推薦給你」），某些貼文或限時動態在數小時便能達到數百萬次觀看。

2020 年「選舉遭竊」的虛構敘事

自 2020 年以來，川普的競選活大大致吹一種虛假說法：拜登是因為民主黨作弊才當選，導致川普的勝利被「竊取」。由於認知偏誤與傳統藻派的支持立場，這個說法逐漸深入人心，在共和黨選民當中散播了懷疑的種子。這種說法也受到另一種敘事相呼應：川普是受「菁英」、「媒體」與「司法體系」迫害的人，他被形塑成是大家必須無

所不用其極「打倒」的對象，即便建立有效的機制來打擊假新聞、單靠「事實查核後的公開的訊息」（查驗即時或謊言水有他於維持「川普形象」，並為其 2024 年競選活動募來大量捐款。而「選舉被竊」的虛假說詞也帶後果：2021 年 1 月 6 日，川普的支持者衝進國會大廈，企圖阻止總統選舉結果的認證。

共擔責任

大型科技企業如谷歌、蘋果、臉書、亞馬遜、X 平台（前身為 Twitter）、岩至 TikTok，越來越常被指控不僅助長假新聞的擴散，且未能有效遏止這一現象。他們以商業邏輯優先的演算法，可能封鎖帳號或隱藏貼文，因此也被指責缺乏透明。X 平台執行長伊隆・馬斯克（Elon Musk）在 2024 年川普競選期間扮演了關鍵角色。目前的挑戰

是如何在不危及言論自由的前提下，建立有效的機制來打擊假新聞、單靠「事實查核（fact-checking）」（查驗即時或謊言後的公開的訊息）已不足以應對。臉書母公司 Meta 已於 2025 年 1 月宣布取消事實查核服務。因此，有提出利用人工智慧技術來打擊虛假、有害甚至具威脅性的內容，並且讓一般用戶、記者與資訊提供者更容易舉報可疑內容。

比起依賴法律干預，集自律與協作管理是更優先考量的選項——這也符合全球資訊網（World Wide Web）自創立以來的精神與理念。不過，當社群媒體被外國勢力作為戰略工具使用時，國家安全有介入的界線相當模糊，這種操作模糊了商業領域也是這項議題的關鍵有關的人，他們擔心客戶與供應商的數據被操控，進而影響營運，損及品牌形象。

要點

美國不僅作為全球言論自由的標竿，亦是社群媒體的發源地。但自 2016 年以來，美國本土成為政治假新聞的重災區。這類虛假資訊背後有諸多動機，但皆對民主制度造成威脅。如今，這套仰賴製造爭議話題和運用 AI 工具的媒體經濟模式，以及缺乏明確監管的數位平台問題，受到質疑。假新聞除了會造成言語暴力，更可能引發肢體上的暴力與社會動亂。

焦點

美國當局曾指出，在 2016 年總統大選期間，約有 1.26 億美國公民受到假新聞影響，這相當於超過一半的法定投票年齡人口。為此，國會與聯邦調查局（FBI）展開調查，並證實俄國在背後搞鬼，其目的是干預選民決策。這些行動在社群媒體上透過機器人帳號與政治同溫層轉發的方式，發布了數百萬則虛假訊息與影片。在 2020 年與 2024 年的選舉中，除了俄國，中國與伊朗也被指控試圖透過假新聞與資訊戰術，製造選舉混亂。

社群軟體在假新聞中所負起的角色？（民調）

在以下的組織或人物中，您認為哪些人對假新聞或錯誤資訊負有最大責任？

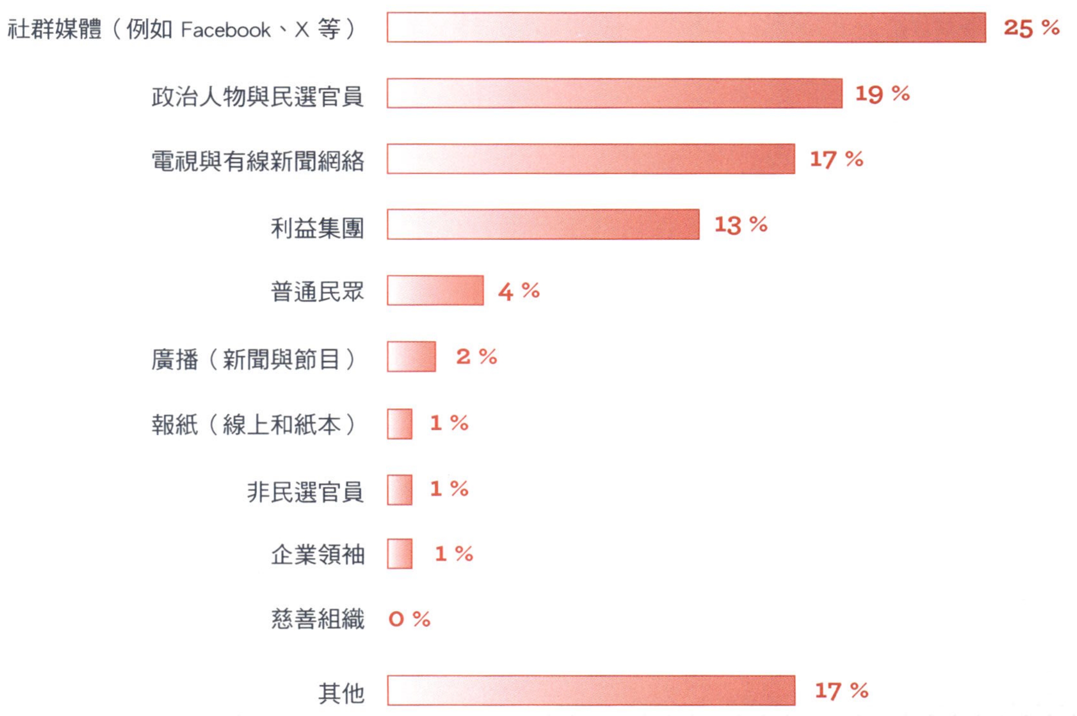

社群媒體（例如 Facebook、X 等）	25%
政治人物與民選官員	19%
電視與有線新聞網絡	17%
利益集團	13%
普通民眾	4%
廣播（新聞與節目）	2%
報紙（線上和紙本）	1%
非民選官員	1%
企業領袖	1%
慈善組織	0%
其他	17%

17
媒體與言論自由危機

美國憲法第一修正案保障宗教、言論、思想與新聞自由。自1950至1960年代以來，所謂的「言論自由」便成為美國大學院校內激烈爭論的議題，尤其是在民權運動、女性主義運動等背景下，而這般討論至今方興未艾。核心議題始終是：為了捍衛「寬容」價值，我們是否應該容忍「不寬容的言論」？

主流媒體失去威信

與法國及許多歐洲國家不同，在美國，公開發表反猶太、種族歧視，或歐洲稱之為「歷史否定主義」（Negationism）的言論，並不違法。即便像三K黨、新納粹組織，在美國社會中仍合法存在，儘管它們是極少數派。不過，煽動暴力的言論則明文禁止。

近年來，多項研究與民意調查顯示，美國人民對「各大主流媒體（如全國性報紙和電視台）的信任度正在下滑。這種不信任是出自於對政治與菁英份子的質疑，且伴隨一種誘批判性思維失去正當性的策略。

076 GÉOPOLITIQUE DES ÉTATS-UNIS

極右保守派媒體的興起

某些砲火猛烈的媒體，在過去曾被視為「另類媒體」，如今地位水漲船高，擁有龐大的觀眾群，反映出言論自由的爭議，已出現前所未見的轉變。陰謀論、種族歧視、反猶主義、性別歧視與恐同言論的傳播越來越猖狂，不僅透過新興網站，還透過電視、廣播甚至 Podcast 等平台散播，每天或每週吸引數以千萬計的觀眾與聽眾。最知名的例子之一是福斯新聞（Fox News）。

與此同時，白宮也以另一種方式對言論自由構成威脅，特別是川普，也：他宣稱政府有權「限制新聞自由」，但這完全抵觸了美國憲法第一修正案、美國文化傳統以及民主原則。即便如此，自 2010 年代興起的極右派媒體，仍透過一套「資訊相對主義」的敘事邏輯，其中假新聞正是這種邏輯的具體表現之一。他們反過來削弱主流媒體的公信力，後者不但被扣上「假新聞媒體」、「人民公敵」，還被冠上「假新聞媒體（fake news media）」稱號，僅僅因為它們質疑與揭露假訊息的存在。

在美國，憲法第一修正案賦予幾乎完全的言論自由權利。

要點

美國憲法的第一修正案保障宗教、言論和思想自由,因此極端主義運動也能在毫不受限的情況下發聲。過往稱作「另類」的媒體,現今散佈陰謀論、種族主義、性別歧視等意識形態,擁有跟傳統媒體不相上下、甚至更廣大的受眾。他們甚至扭轉局勢,將主流媒體貼上「假新聞媒體」標籤。

焦點

2016年,美國有線電視新聞網(CNN)為了捍衛自己報導事實的自由,公開地批評川普嘲諷他的言語風格。他們推出了一支長達三十秒的影片,畫面是一顆紅色的蘋果搭配白色背景,並搭配旁白說道:「這是一顆蘋果。有些人可能想盡辦法讓你相信這是一根香蕉。他們可能會反覆大喊『香蕉!香蕉!香蕉!』甚至以大寫字母寫出『BANANA』。你可能最後信以為真,但事實不然。這是一顆蘋果。」

[1] 指故意否認、歪曲或重新詮釋歷史事實的行為,通常是為了達成政治、意識形態或其他特定目的,常見於試圖為某些政權、行為或意識形態辯護的情況,例如否認種族屠殺或戰爭罪行的存在。

美國媒體的自由與影響力（民調）

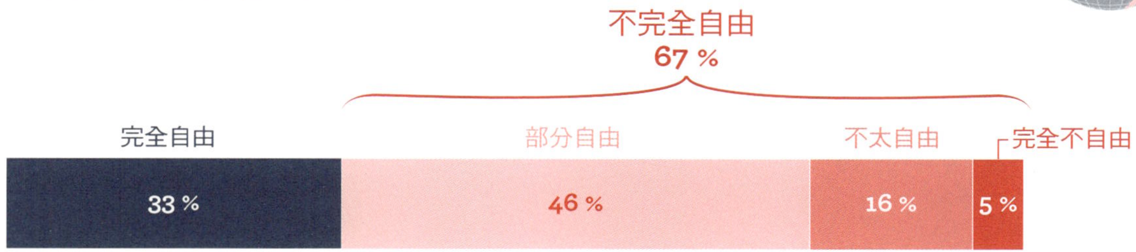

美國媒體是否能自由報導新聞？

完全自由	部分自由	不太自由	完全不自由
33%	46%	16%	5%

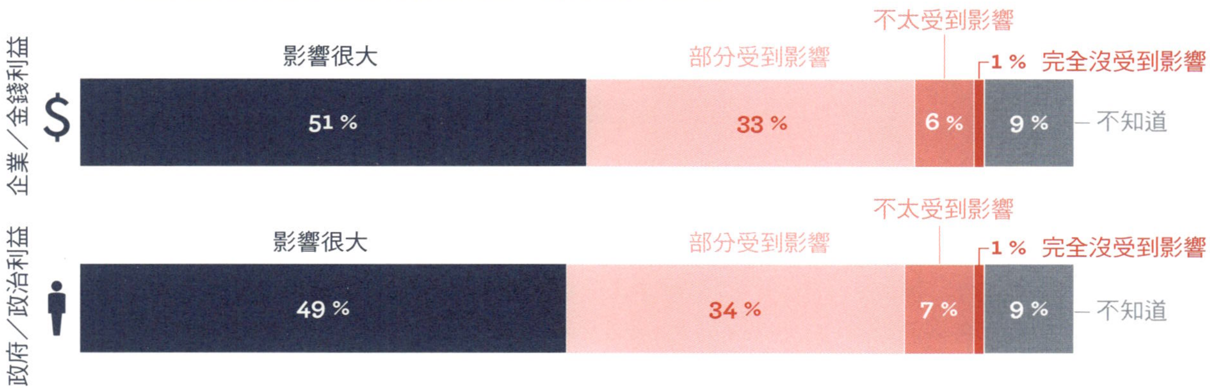

不完全自由 67%

美國媒體是否受到企業和金錢利益，或政治勢力影響？

企業／金錢利益 $

影響很大	部分受到影響	不太受到影響	完全沒受到影響	不知道
51%	33%	6%	1%	9%

政府／政治利益

影響很大	部分受到影響	不太受到影響	完全沒受到影響	不知道
49%	34%	7%	1%	9%

註：此為不計入未表態者的數據。

18 對女性發動的全面攻擊

以追求「普世價值」為名，宣稱性別中立的公共政策，實際上卻偏向傳統思維模式，在經濟、健康、社會、教育、文化與地緣政治等領域皆然。然而，出於意識形態、有些政策甚至刻意對女性造成不利影響，特別是涉及性別政策、家庭政策或與貧窮相關的政策上。例如，自1980年代以來，美國多州通過的地方性法律，逐步限縮女性墮胎的權利。

削弱女性的就業與薪資保障

川普在其第一個總統任期內，延續保守派的一貫立場，在預算縮減中對醫療與照護開刀。他大幅削減撥給美國計劃生育聯合會（Planned Parenthood Federation of America, PPFA）的預算與聯邦醫療補助（Medicaid）。

這不僅影響社會補助與保險資源，也衝擊到那些傳統上由女性負責的工作崗位。此外，川普也撤回了歐巴馬時期推動增加企業薪資透明度，以減少職場中的性別薪資歧視的一項政策。另一方面，削減聯邦對公共教育和文化的預算，威

限制墮胎：美國國內與全球的影響

自 2022 年 6 月「多布斯訴傑克森婦女健康組織案（Dobbs v. Jackson Women's Health Organization）」裁決以來，美國最高法院推翻了 1973 年《羅訴韋德案》的判例基礎，使得各州政府得以終止或限制女性墮胎和取得醫療服務的權利。這項裁決長達四十年來，具有組織性的基層動員與政治遊說行動的成果，且與川普在其第一任總統任期內所提名得到三位極端保守派大法官所密切相關。

有超過以女性勞工為主的職位存續。

在《多布斯案》裁決之前，這些法規導致許多性自由的法律，這些法規導致許多婦科診所關門大吉，醫生因為施行墮胎而遭到恐嚇，甚至死亡威脅。

在《多布斯案》所引發的嚴重公共衛生危機之外，關於人工生殖，以及婦科照護等議題充滿危機，甚至在美國某些州，早在《多布斯案》裁決之前，就已存在限制女性

「當你是個名人時，她們就允許你隨便搞。你可以做任何事。」——川普

有可能在全美通過一項全面禁止墮胎的聯邦法案。

這些政策同樣延伸至國際層面。川普打著「美國優先」的口號，大幅削減國際發展援助，然而，在世界上多地區，這些補助的主要受益方正是貧困或受衝突影響的女性與兒童。這項措施對於維護美國的和平與安全來說適得其反，因此在

2017 年遭逢到國會和軍方的反對。然而，川普仍然效仿歷任共和黨總統的做法，簽署了一項在他上任前由歐巴馬總統廢除的政策：終止提供聯邦補助給那些「涉及提供墮胎服務或相關資訊」的國際組織，這項措施在 2020 年再度實施，並且在川普第二任期內再次恢復。

受影響的組織包括那些專門保護戰爭地區受性暴力侵害的婦女與兒童，或致力於對抗愛滋病和瘧疾的機構。這些被削減的補助金額雖高達數億美元，但對龐大的美國聯邦預算而言，不過是九牛一毛。因此，這項行動與其說是出於財政考量，不如說更是基於意識形態的政治決策。

要點

在 2016 年與 2024 年，川普的政策方向顯然限縮女性的權利。他不僅表示反對縮小薪資歧視的相關措施，還對醫療、文化與教育等部門大幅削減預算——而這些領域正是大量女性就業的主要來源（而他也明言未來仍將持續這樣做）。此外，他更透過提名三位極端保守派法官進入美國最高法院，推動終結女性墮胎權的判決——即 2022 年 6 月通過的《多布斯案》裁決。

焦點

2016 年，川普身邊的幕僚幾乎清一色是白人男性。在白宮，他的男性顧問人數是女性顧問的四倍；內閣成員幾乎全是白人男性，而共和黨在國會的女性議員則寥寥無幾。川普政府還強化了「白人男性權力」的視覺象徵：在許多官方照片中，他刻意展現這樣的形象，特別是在他簽署行政命令時（不論是支持煤礦工人，還是削減針對女性健康的國際援助等政策）。

各州墮胎禁令概況（2025年1月）

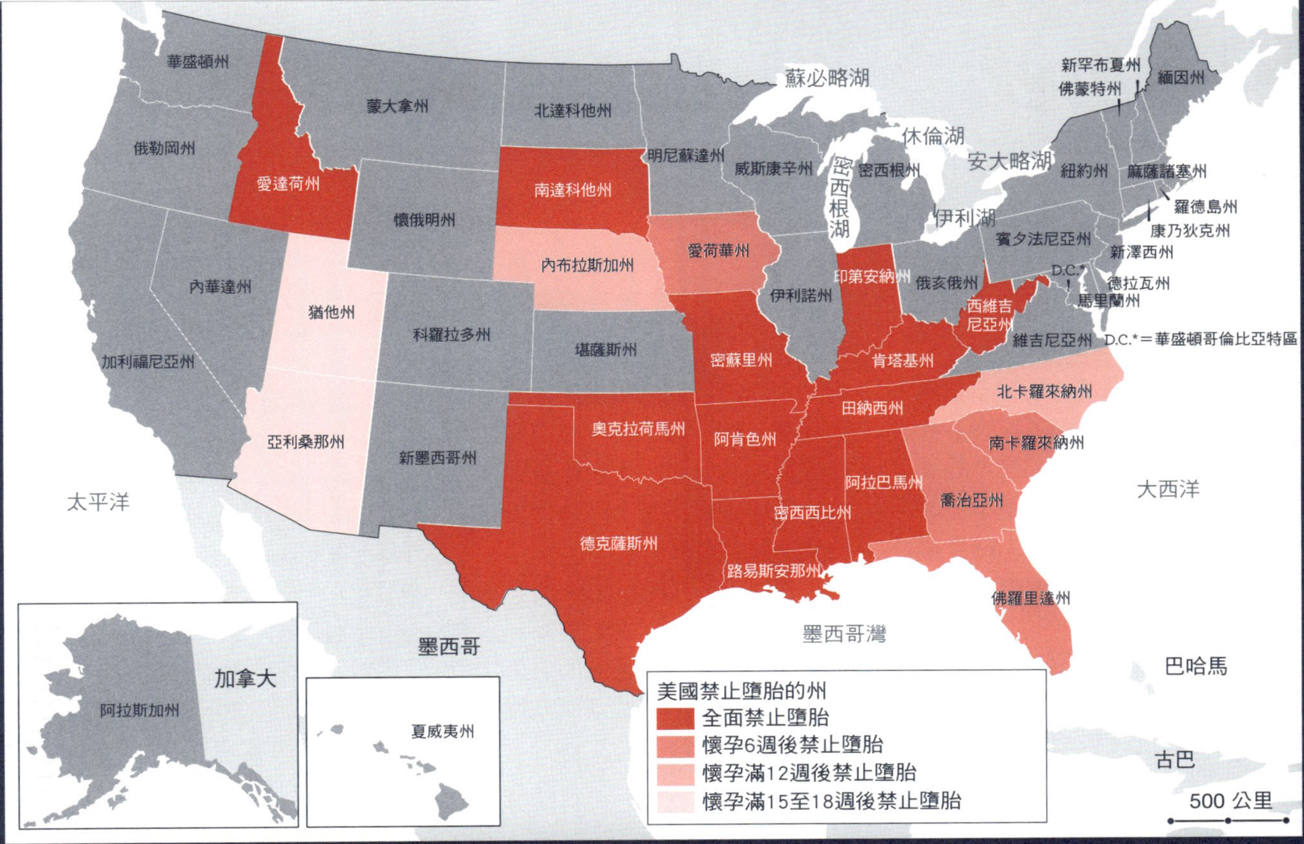

美國禁止墮胎的州
- 全面禁止墮胎
- 懷孕滿6週後禁止墮胎
- 懷孕滿12週後禁止墮胎
- 懷孕滿15至18週後禁止墮胎

*D.C. = 華盛頓哥倫比亞特區

500公里

加拿大、太平洋、墨西哥、墨西哥灣、大西洋、古巴、巴哈馬、蘇必略湖、休倫湖、密西根湖、伊利湖、安大略湖

阿拉斯加州、夏威夷州、華盛頓州、俄勒岡州、加利福尼亞州、內華達州、愛達荷州、蒙大拿州、亞利桑那州、猶他州、懷俄明州、新墨西哥州、科羅拉多州、北達科他州、南達科他州、內布拉斯加州、堪薩斯州、德克薩斯州、奧克拉荷馬州、明尼蘇達州、愛荷華州、密蘇里州、阿肯色州、路易斯安那州、密西西比州、阿拉巴馬州、田納西州、肯塔基州、伊利諾州、印第安納州、俄亥俄州、威斯康辛州、密西根州、喬治亞州、佛羅里達州、南卡羅來納州、北卡羅來納州、維吉尼亞州、西維吉尼亞州、賓夕法尼亞州、紐約州、佛蒙特州、新罕布夏州、緬因州、麻薩諸塞州、康乃狄克州、羅德島州、紐澤西州、德拉瓦州、馬里蘭州

19
失控的軍火銷售

美國是全球第一的軍事強國,其軍事預算在2024年接近9,000億美元。美國也是世界上最大的軍火出口國,中國正在逐步縮小差距,特別是在航太軍工領域;印度雖是主要的武器進口國,但也在產業上崛起。

光是美國的軍火產業就佔了全球武器銷售的42%。烏克蘭戰爭讓產業更加蓬勃,但即便在戰前,美國的武器出口就已呈現出極強的增長趨勢。歐洲國家合計出口約佔全球武器的三分之一;俄羅斯則在軍售排行中大幅下滑,因其優先考慮自家軍隊的需求。

在美國,軍火商形成了一個極具影響力的產業遊說集團,它們在技術創新與產業應變能力上具備全球領先的優勢,其他國家難望其項背。

在柏林圍牆倒塌後至2001年間,美國的武器銷售曾下滑,但在小布希和歐巴馬任內,無論是銷量或總金額都大幅回升。在歐巴馬執政時期,軍備銷售金額較前任總統翻了一倍。2012年至2016年間更創下高峰。全球部分國家歷來選擇將自身安全置於美國的保護傘之下,如科威特與以色列。不過,美國的主要武器買家是沙烏地阿拉伯。

利用恐懼推高軍火銷售

軍備銷量的提升，可以從幾個層面來解釋：安全威脅升高、戰事頻仍，以及先進軍事裝備的高價化，例如巡弋飛彈、精確導引武器、新一代飛彈防禦系統、戰機、直升機與無人機等。

2017年，美國與沙烏地阿拉伯簽署了一項軍火交易意向書，創下天價紀錄的1,100億美元，以協助沙國面對來自伊朗的威脅、維護國土及區域安全。

此外，臺海局勢升溫及美國與北韓領導人金正恩之間的緊張局勢，也引發了日本和南韓的安全焦慮，因為一旦爆發戰爭，這兩國將首當其衝。因此，美國在2017年批准日本和南韓購買「最先進」的武器裝備。另一方面，在美國本土，約有四億支槍械正在流通。從2008年到2022年之間，美國國內的槍械市場規模成長了四倍。

伯·阿拉伯聯合大公國、卡達與土耳其，歐洲當然也包含在其中。總體而言，全球約有100個國家是美國的軍火買家。

國際軍備管制規範不力

雖然國際上存在某些軍備管制規範，但在區域層級卻缺乏有效的監督機制，尤其是考量到全球最大武器買家當中有不少是聯合國中的五大武器買家。

至於核武議題，防止擴散是國際社會的基本原則，2015年簽署的「伊朗核協議」原被視為一項成功案例，但該協議最終依然存在、使得全球對核武使用的擔憂依然存在、無論是在俄烏戰爭的背景下、或來自北韓的潛在威脅。

> 從2008年到2022年，美國境內的槍枝市場規模成長了四倍。

第二部 十大主要挑戰 085

要點

美國是全球第一的軍事強權。在柏林圍牆倒塌到2001年間,美國的軍備銷售一度下降,但在小布希與歐巴馬總統執政期間,銷量重新攀升。原因是全球安全威脅日益嚴峻,又因為俄烏戰爭進一步刺激軍火需求。隨著軍事裝備技術愈加精密,設備成本也相對提高。到了2024年,美國軍火工業佔據全球武器銷售總額超過40%,其主要客戶包括歐洲、亞洲與中東地區。

焦點

美國的軍事工業複合體(Military-Industrial Complex, CMI)由軍工企業組成,這些企業已經形成一股對政治決策者具有高度影響力的遊說勢力。無論共和黨或民主黨,都牽涉其中。「鷹派」(主張干預主義)與「鴿派」(主張孤立主義)為兩大陣營。軍事工業複合體則主張全球面臨的威脅日益增多和嚴峻,藉此說服政府定期增加國防開支。

2022年各國年度軍事支出

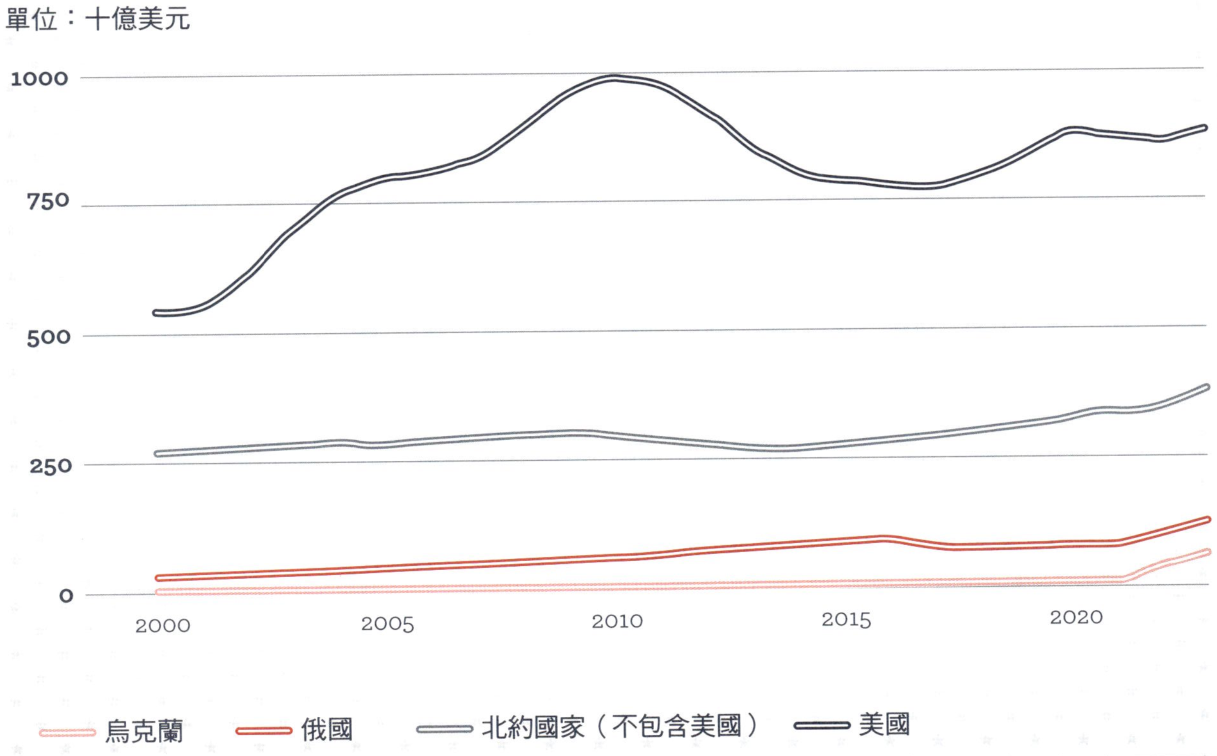

單位：十億美元

1000
750
500
250
0

2000　2005　2010　2015　2020

— 烏克蘭　— 俄國　— 北約國家（不包含美國）　— 美國

20 氣候變遷懷疑論者與《巴黎協定》擁護者的對抗

2017年6月1日，川普總統在白宮花園終結了先前的種種懸念，正式宣布美國將退出2015年在第21屆聯合國氣候變化大會上簽署的《巴黎協定》。不過，這項退出並未正式生效，因為拜登上任後即重新加入協議，但在2025年，川普再次確認退出該協定。

這項協定具有國際條約的效力，補充了《聯合國氣候變化綱要公約》（Conferences of the Parties, COP）的內容，要求簽署國承諾在2100年前將全球氣溫升幅限制在2°C以內，盡快達到溫室氣體排放的全球峰值，並透過日益嚴格的措施減少排放。

氣候懷疑論與其敵人——科學

美國的退出決定並不令人訝異，因為美國事實上早已在環保議題上開倒車。一方面，川普總統任命了兩位著名的氣候懷疑論者：瑞克·裴利（Rick Perry）擔任能源部長，史考特·普魯特（Scott Pruitt）擔任環境保護署署長。此外，川普還削減了環保署的預算，

認為環保規範威脅到美國的就業與經濟發展。這兩人都是公開承認的氣候變遷只是謠論者」，而且在幾年前，他們甚至都已不相信氣候變遷的「氣候變遷只是一場導的這兩個政府機構。儘管如此，曾表示希望廢除他們日後被指派領針對美國的陰謀。

他們仍在 2016 年底被川普安排出任要職。

川普還廢止了《清潔能源計畫》，這項計畫的目標是將發電廠的二氧化碳排放量減少至 2005 年的三分之一。他也重新啟動了煤炭、天然氣和頁岩油的開採。

在美國，強大的能源遊說集團對科學持懷疑態度。

以迎合支持大力推動某些工業產業的選民。這些選民反對政府過度干預企業運作。在美國，共和黨改另人士對「科學」抱持懷疑——他們將科學

美國在國際舞台上被孤立

美國原本就未簽署《京都議定書》，更是全球少數質疑《巴黎協定》的國家之一。在 2017 年 5 月的七大工業國組織（G7）峰會上，氣候議題引發了緊張局勢。德國和法國會籲美國不要做出退出決定。

與此同時，經濟合作發展組織（OECD）的一份報告指出，對抗氣候變化在中長期內將對經濟增長產生正面效應，甚至在 2050 年前，可望使 G20 成員國額外增加最

多 2.8% 的 GDP 成長。

即便如此，全球經濟界在永續發展的議題上的分歧比以往更甚。一些跨國企業已深刻感受到全球暖化的影響，並開始實施「去碳化」（Decarbonization）的生產策略。另一方面，紐約州和加利福尼亞州等當地區則宣布，將持續對抗化石燃料的開採，並致力於推動環境保護。隨著川普撤換聯邦環境法庭的最高法院提名，並質疑聯邦機構在氣候政策中所扮演的角色，勢必不利於推動氣候與生物多樣性的保護措施。

要點

2017年，川普宣布美國將退出在2015年舉行的第21屆聯合國氣候變化大會上達成的《巴黎協定》。此外，他刪減能源部和環境保護署的預算，並任命公開否認氣候變遷的「氣候懷疑論者」擔任這兩個機構的主管。川普也推翻了《清潔能源計畫》，該計畫原旨在減少美國電廠的二氧化碳排放量。拜登上任後恢復了這些環境政策，不過在川普的第二任期，有可能再度阻礙任何形式的環境監管政策。

焦點

《巴黎協定》的簽署國有哪些承諾？雖然《巴黎協定》沒有訂立任何制裁措施，但各國的承諾並非僅止於道德層面。締約國須履行行為義務，並接受國際專家委員會督的監督，確保政策的執行情況。每個國家都需要制定計劃，每五年調高目標。已開發國家還須提供財政支持，協助發展中國家實施協定相關措施。

美國電力生產來源

單位：十億千瓦時，kWh

```
2 000
1 500
1 000
 500
   0
     2006  2008  2010  2012  2014  2016  2018  2020  2022
```

······ 天然氣　　――― 核能
――― 再生能源[1]　----- 煤炭

[1] 包括：風能、太陽能、水力、地熱能與生質能。

第三部

十大地緣政治議題

21 美國、加拿大與墨西哥：相依共存的三國關係

加拿大、美國和墨西哥三國的利益緊密相連。美國和加拿大同為八大工業國（G8）成員，也是北約成員國。自2001年911恐怖攻擊及2013年「伊斯蘭國」的威脅以來，兩國不斷加強國內與邊境安全。

不過，在川普第一任期內，由於缺乏「美國優先」以外的明確原則，而在外交和軍事政策出現數度的大轉彎，令這些國際合作夥伴感到不安。儘管如此，川普政府的單邊主義傾向，並未能完全取代加拿大和墨西哥所倡導的多邊主義合作路線。

墨西哥移民問題的困局

美墨關係因墨西哥移民問題而日益惡化。川普將這些移民貼上「小偷」和「強姦犯」的標籤，並沿兩國邊界斥巨資修建隔離牆。然而，從歐巴馬到拜登，美國在打擊非法移民方面的政策延續了一貫的路線，且始終展現出強硬立場。

在拜登執政期間，美墨邊境的移民壓力大幅升高，這使他的政府處境更加艱難，同時也損害了美墨之間的關係。即使美方投入數十億美元，援助中美洲國家

從北美自由貿易協定到美墨加協定

加拿大和美國的貿易往來，佔加國總額的四分之三。2023年，墨西哥成為美國的第一大進口來源國。自2020年起，《美墨加協定》（USMCA）生效，取代了《北美自由貿易協定》（NAFTA），並預計將於2026年重新談判。

美國跟另外兩個貿易夥伴在協定的談判過程中，頻繁出現貿易爭端，而同一時間美中的貿易戰爭也打得如火如荼。美墨加協定涵蓋了多個面向：加強法規監管、透明度和可預測性的貿易、汽車、紡織、農業、美墨加協定的勞動條件、環境與生物多樣性的保護，以及關稅政策的調整和墨西哥之間的政府採購設立義務條款。

在後疫情時代，各國之間的合作也被迫重新思考與調整。美加關係一度變得緊張，主因是反對防疫措施的抗議者，發起了「自由車隊」，封鎖了美加跨境運輸通道。川普指控墨西哥傳播病毒至美國。此外，川普還援引了一項追溯至韓戰時期的法律——《國防生產法案》（Defense Production Act），下令禁止出口美國製造的呼吸器和防護口罩，迫使加拿大緊急作出應對。

的經濟發展，仍未能有效遏止移民潮。2023年12月，每日湧入邊境的人數高達一萬名，情勢幾乎失控。2024年，國會提出一項跨黨派的移民法案，包括：允許聯邦政府持續一實地驅逐非法入境者，以及加速處理庇護申請。然而，這項法案因川普黨派議員的阻撓，終究未能通過。

拜登則加強化了保護主義政策。他上任後拱心拱心的其中一項重要決策是終止了Keystone XL）大型工程，原本規劃將連接加拿大至墨西哥灣的輸油管道。這一決定令加拿大感到失望。這項計畫曾受到環保團體的強烈批評，原因是造成嚴重的環境破壞，尤其是原住民族群居住環境。此外，拜登與加拿大總理杜魯道（Justin Trudeau）也曾加強雙方希望在對中國的政策上加強協調。

川普重新上任後所承諾的大規模驅逐合法與非法移民的政策，以及將加拿大納為美國「第51州」的主張，勢必將再度使美國跟墨西哥、加國的關係惡化。關稅問題亦成為三國之間爭論不休的敏感議題。

要點

由於移民問題及美國政府對移民管控政策日益強硬的情況下，美墨關係時常劍拔弩張。2024年，美國國會曾提出一項跨黨派法案，希冀加強對移民潮的管制，但最終遭川普支持者阻攔。在貿易方面，《美墨加協定》取代了《北美自由貿易協定》，隨著川普重新掌權，再度抬頭的美國保護主義很可能引發讓《美墨加協定》面臨諸多挑戰，尤其美加關係的惡化在川普執政下的新冠肺炎期間，已有前車之鑑。

焦點

加拿大總理杜魯道在川普第一任內，兩人關係就不甚融洽，而2024年的總統競選選期間兩人關係更加惡化。原因之一是杜魯道曾誓言作證，表示川普的多位親信，包括電視節目主持人塔克·卡森（Tucker Carlson）的媒體節目疑似受俄國外宣部門資助。此番言論引發強烈反彈，特斯拉執行長馬斯克甚至出言侮辱杜魯道，在他下台後稱他為「加拿大州長」，暗指他辭去總理職務。

移民與移民官在美墨邊境的接觸互動

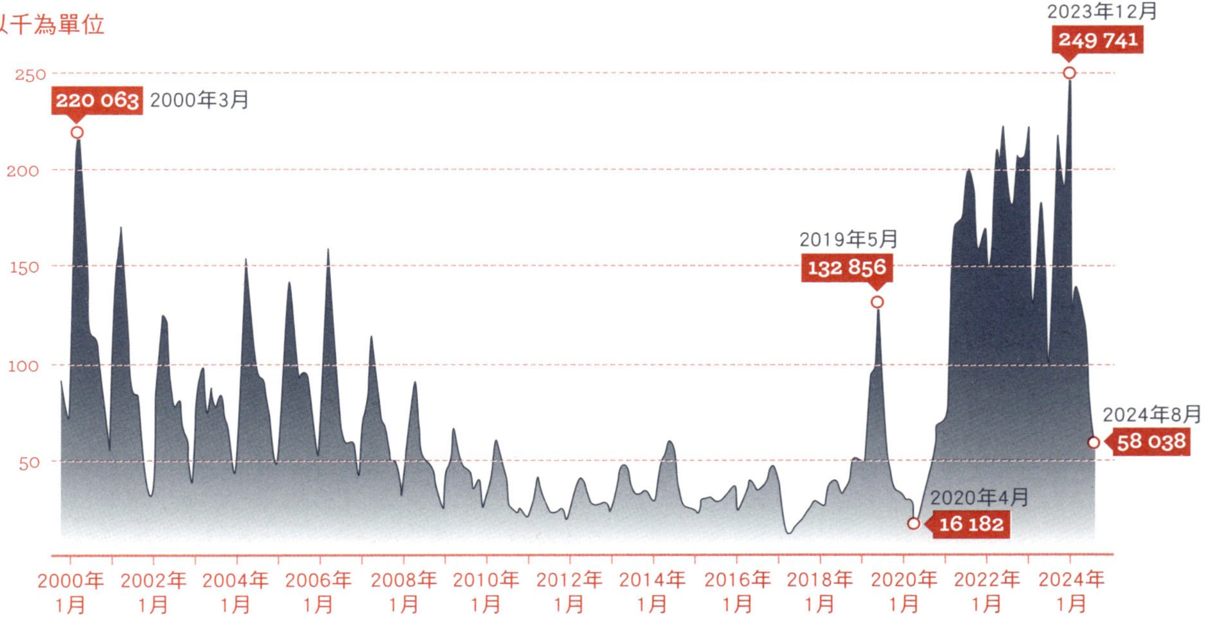

以千為單位

220 063 2000年3月

2019年5月
132 856

2020年4月
16 182

2023年12月
249 741

2024年8月
58 038

註：自2020年3月起，每月「逮捕」與「驅逐」的總人數，整合為一個新類別，稱為「接觸次數（interactions）」。2020年3月之前的每月總數僅包括逮捕人數，某些移民可能會有多次接觸。

22
歐盟：不可或缺的合作夥伴

自第二次世界大戰結束以來，美國與歐洲國家的外交往來頻繁。由於東、西歐的分裂局勢以及軍事衝突的風險，冷戰期間所面對的挑戰有其獨特性。如今，大多數歐洲國家，包括一些原屬東歐陣營的國家，皆已成為北約成員國，也因此跟美國建立了一些軍事協議。由於歐盟並無統一的外交政策，成員國採取的立場經常分歧。例如，2002 年伊拉克戰爭爆發時，法國拒絕與美國共同參戰，而英國及其他幾個歐洲北約成員國則選擇支持美方。類似的情況也出現在 2022 年的烏克蘭戰爭。

自由貿易的傳統

自 1957 年歐洲經濟共同體（EEC）成立以來，美國和歐洲的合作便建立在經濟與貿易的基礎上。這種合作始於馬歇爾計畫以及 1947 年成立的《關稅暨貿易總協定》（General Agreement on Tariffs and Trade, GATT），並於 1995 年由世界貿易組織接替並鞏固。目標是推動跨大西洋經濟共同體，以捍衛雙方共同利益，例如促進自由貿

易和打擊仿冒品。

自 1990 年開始，《跨大西洋宣言》（Transatlantic Declaration on EC-US Relations）確立歐洲共同體（後轉為歐盟）和美方之間定期協商的機制。此外，1995 年的《新跨大西洋議程》進一步給予政治承諾及行動框架。2007 年，在美國歐盟高峰會上，跨大西洋經濟委員會宣告成立，以促進規章和標準的統一。目前，美國是歐盟最大的貿易夥伴和主要投資者，反之亦然。

面臨多重挑戰

無論美國總統抱持何種政治立場，都免不了跟歐洲你來我往的祭出保護主義，許多爭議層出不窮：例如，陷入國家補貼爭議的美國波音公司（Boeing）與歐盟空中巴士（Airbus），互相指控對方違

反市場規則；在農業方面，美國向歐盟施壓，要求開放更多基因改造產品的進口。

由拜登政府推行的《降低通膨法案》（Inflation Reduction Act）對歐洲投資綠能產能的政策大為衝擊。而川普對於美國參與俄烏戰爭做出的威脅，加深外界對安全問題的憂慮。

歐盟未來面臨的挑戰，是在外交政策、軍事以及移民問題上找出共識，同時加強科研與創新發展的實力——這是由於來自北美和中國的競爭日益激烈，而在科技與醫療健康等許多關鍵領域，歐洲正面臨著嚴重落後的風險。

> 美國和歐洲的合
> 作建立在經濟與
> 貿易的基礎上。

要點

冷戰結束後，美國跟歐洲往來，包括透過北約、歐洲經濟共同體，以及後來的歐盟和世界貿易組織等機構攜手合作。美國是歐盟最大的貿易夥伴和主要投資者，反之亦然。不過，雙方仍存在許多分歧，尤其川普對美國與歐盟關係或是歐洲安全問題皆漠不關心。

焦點

跨大西洋貿易及投資夥伴協議的目標，是盡可能消除歐盟與美國之間的貿易和法規壁壘，共同面對其他競爭強國——以新興市場為主要，以便鞏固在全球化的影響力。歐盟的磋商由歐盟委員會主導，因此遭到質疑過程不夠民主，甚至被批評過於企業利益導向。雖然談判於 2019 年重新啟動，但協議最終達成與否仍不明朗。

2024年北大西洋公約組織成員國

北大西洋公約組織成員國
1949 加入組織時間

- 加拿大 1949
- 美國 1949
- 冰島 1949
- 葡萄牙 1949
- 西班牙 1982
- 英國 1949
- 比利時 1949
- 盧森堡 1949
- 法國 1949
- 荷蘭 1949
- 丹麥 1949
- 挪威 1949
- 西德 1955
- 德國 1990
- 波蘭 1999
- 瑞典 2024
- 芬蘭 2023
- 愛沙尼亞 2004
- 拉脫維亞 2004
- 立陶宛 2004
- 捷克共和國 1999
- 斯洛伐克 2004
- 匈牙利 1999
- 羅馬尼亞 2004
- 保加利亞 2004
- 斯洛維尼亞 2004
- 克羅埃西亞 2009
- 蒙特內哥羅 2017
- 阿爾巴尼亞 2009
- 義大利 1949
- 希臘 1952
- 北馬其頓 2020
- 土耳其 1952

大西洋

500 公里

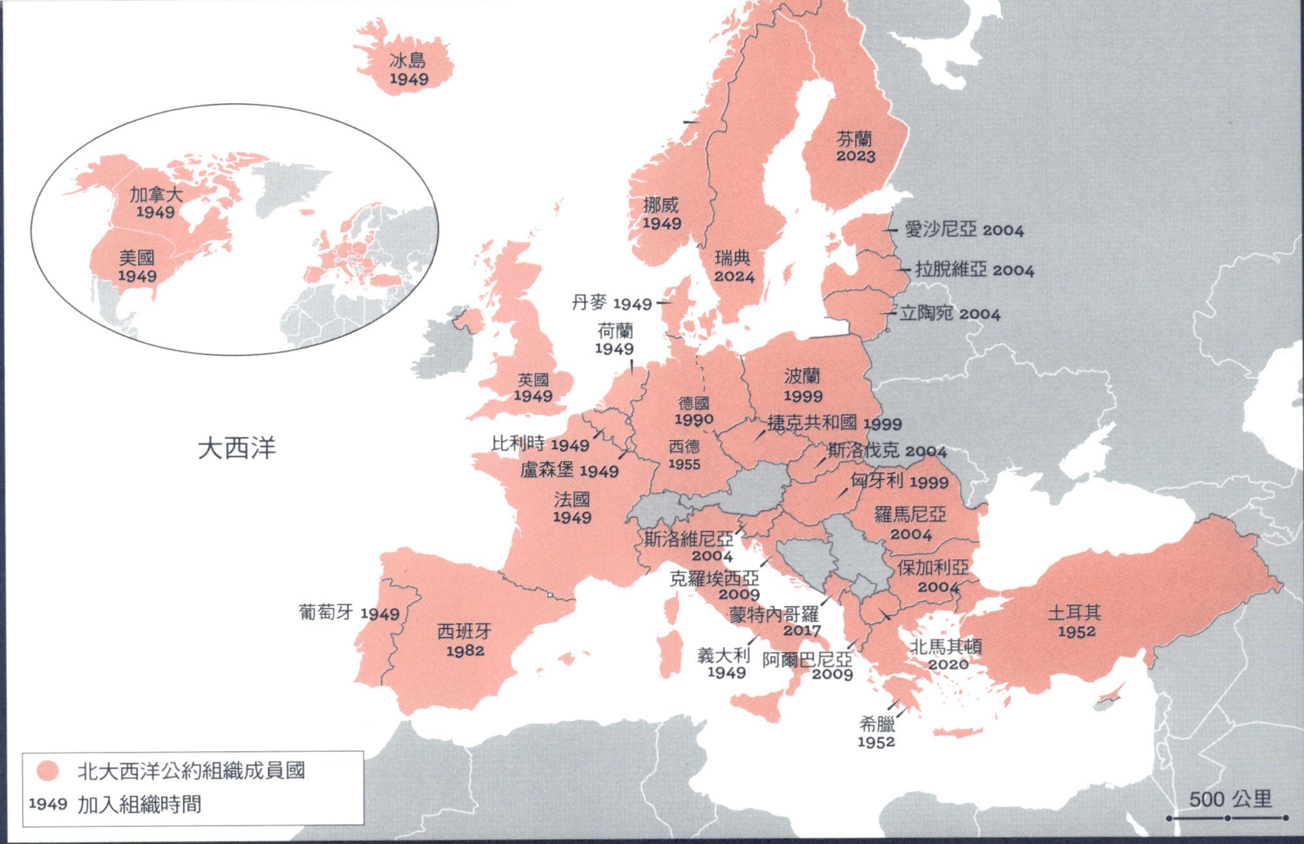

23 英語系國家大聯盟

當面臨國際局勢動盪的時刻，共享語言、文化與法律體系的國家往往更容易協調合作。英語系國家正是實行「可控且有限的多邊主義」之典範，盟友關係堅實可靠。早期是來自日本的軍事壓力（直至1945年），而後則是來自中國的戰略挑戰，至今仍未解除。儘管2008年金融危機後，亞太地區相互依存的經濟關係日益緊密，但安全憂慮仍持續存在。

在當代歷史上，最具代表性的案例之一，便是2003年英國與澳洲支持美國發動伊拉克戰爭，這個決策對全球戰略局勢影響深遠。2002年10月12日峇里島爆炸案是促成澳洲參戰的關鍵——這起事件共88名澳洲人及20名英國人喪生。事後，澳洲不僅派遣軍隊參與作戰，還出動了軍事情報部門，長達六年時間協助美軍在當地行動。最後一批駐伊拉克的500名澳洲士兵於2008年撤出。

關係未受脫歐影響

英國於1973年加入歐洲經濟共同體後，跟美國的雙邊貿易關係一度觸礁。不過，由於1980年代英國首相柴契爾夫人（Margaret Thatcher）與美國總統雷根任意識形態上高度契合，兩國經貿關係開始回暖。自從1990年代後，由於英美國大力推動全球金融一體化，

在放寬市場監管及強化金融業地區方面有相似的立場，彼此關係更為緊密。

2008 年的金融危機大幅上源自這一經濟模式，雖然當時重創了英美的經濟，卻未讓兩國關係冷卻，反而鞏固雙方關係。此外，英國不僅是美國企業進入歐盟市場的重要「跳板」，還提供相較其他歐洲鄰國更靈活的勞動市場環境。美國是英國的第一大出口來源國，同時也是英國的第三大進口來源國。

然而，儘管英國政府長期以來希望與美國簽署一項自由貿易協定，但自英國正式脫歐後，雙邊自由貿易協定並未出現明顯擴展。截至 2024 年底，兩國仍未達成任何正式的自由貿易協議。

AUKUS：揭示未來國際戰略布局

AUKUS（澳英美三方安全夥伴）是澳洲、英國與美國於 2021 年建立的三邊軍事合作協議，目標是遏制中國在印太地區的戰略與軍事影響力。此協議涵蓋高科技領域，包括網路安全、人工智慧、量子技術等，並促進這些技術的軍事應用。

AUKUS 的核心內容之一，是提供給澳洲並在當地生產核動力潛艦，同時促進三國在工程技術及研發方面的合作，以取代傳統柴電潛艦。為此，澳洲終止了與法國海軍集團（Naval Group）簽訂的潛艦建造合約，轉而接受美國的方案。

這個兼具軍事與科技的聯盟，成為制衡中國的關鍵力量，尤其是臺海衝突或南海局勢升溫的情境下。AUKUS 對澳洲來說，正是展示對美國支持，並發揮在亞太地區影響力的良機。

> 「如今，英國和美國再也沒有分別了──當然，除了語言之外。」
> ──王爾德（Oscar Wilde）

要點

AUKUS 是受控且有限的多邊主義典範，延續了英語系國家間的歷史性戰略夥伴關係協議由澳洲、英國和美國於 2021 年共同成立，目標是阻擋中國在印太地區的戰略與軍事影響力，並促進尖端科技（網路安全、人工智慧、量子智慧等）及其應用領域（核潛艇等）的發展。

焦點

2024 年 9 月，歐洲理事會、英國、美國及多個國家共同簽署了一項關於人工智慧與人權的國際安全條約。這是全球第一個具法律約束力、確保人工智慧發展符合民主價值觀與法治原則的條約。這項國際框架公約涵蓋多個關鍵議題，包括：人類健康、尊重生態環境；社會與經濟層面諸如保障就業與工作條件（防止歧視、保護隱私權等）、防止散播假資訊。簽署該條約的國家須在其國家立法中予以落實。

東南亞軍事實力比較

- 中國盟友
- 美國盟友
- → 主要海上航線

1,500 公里

印度洋

澳洲斯特林皇家海軍基地

泰國

俄國

中國

北韓

南韓

日本

太平洋

菲律賓

潛艦可部署至主要海上航線

澳洲

阿德雷德——潛艦可能會組裝的地點

24
中國：
美國的債權人與商業競爭對手

重要歷史事件

自中共建政以來，兩國的首次真正接觸，是在面對共同敵人蘇聯的背景下，1972年尼克森訪問北京所促成的。將近二十年後，柏林圍牆的倒塌、兩國之間正式展開經濟與外交上的對峙。然而，1989年天安門事件導致雙方關係降至冰點，包括貿易在未來也受到影響。柯林頓執政期間，美中關係回歸正軌，雙方在核不擴散問題的合作，邁入新里程碑。2000年，美中建立永久正常貿易關係，促使中國於隔年正式加入世界貿易組織。911事件後，兩國就中東反恐問題曾多次磋商。歐巴馬在第二任期內，也努力加強與中國的合作，特別是在氣候變遷議題上（如減少溫室氣體排放）。同時，他的

儘管美國的國內生產毛額（GDP）遠高於中國，後者仍不斷企圖趕上美國的全球經濟寶座。這兩個國家既是競爭對手，同時又相互依存，從近代歷史中交織外交、經濟與軍事問題的緊張局勢便可見一斑。令人遺憾的是，美國至今在中國及西藏的人權議題上給予的聲援有限。

「重返亞洲戰略」也強調美國在亞太地區的影響力,並深化與日本和南韓的關係,以制衡中國的影響力。

美中衝突議題

美中的衝突主要圍繞在智慧財產權、科技領域的間諜活動、網路攻擊、南海及東海的航行與空域自由、中國軍事發展,以及美國對臺灣的軍售等議題。中國持續宣稱擁有臺灣主權,而美國對臺的支持,以及 AUKUS 的成立,也讓局勢更加緊繃。

美國對中國有數千億美元的貿易逆差,而中國則持有大量的外匯存底,主要以美元資產及有美國債券作為儲備形式,長期以來是美國的最大債權國。無論是在拜登或川普政府時期,美中之間的議題層出不窮,包含調升關稅、限制中國企業取得美國戰略性產業(如半導體)設備,以及兩國在綠能產業(如電動車)日益激烈的競爭等。

中國對經濟與科技領域抱持的野心無以復加,透過設立越來越多的中國投資銀行,積極拓展對發展中國家的影響力,尤其是在非洲;同時規避國際貨幣基金組織(IMF)等由美國主導的金融機構,中國不僅在人工智慧領域的研究不斷精進,並對體育外交、太空發展以及軍事議題保持高度關注,展現爭奪全球霸主寶座的野心。

1989 年天安門事件導致美中關係降至冰點。

第三部 十大地緣政治議題　107

要點

中國希望超越美國,成為世界第一大經濟強國。長期以來,兩國在外交、經濟、貿易和軍事領域維持著既合作又競爭日益激烈的關係。例如,美國指控中國從事科技間諜活動和發動網路攻擊,雙方在臺灣議題上火藥味濃厚,而中國也正透過軍事手段與軟硬實力擴展其全球影響力。

焦點

TikTok 是全球使用最廣泛的應用程式之一。美國數度考慮在國內封殺,擔憂其背後涉及的產業間諜活動及個人資料竊取。相比之下,中國則由於寬鬆的人權和隱私保護規範,讓數位技術得以茁壯發展。

自1985年以來美國對中國的貿易逆差

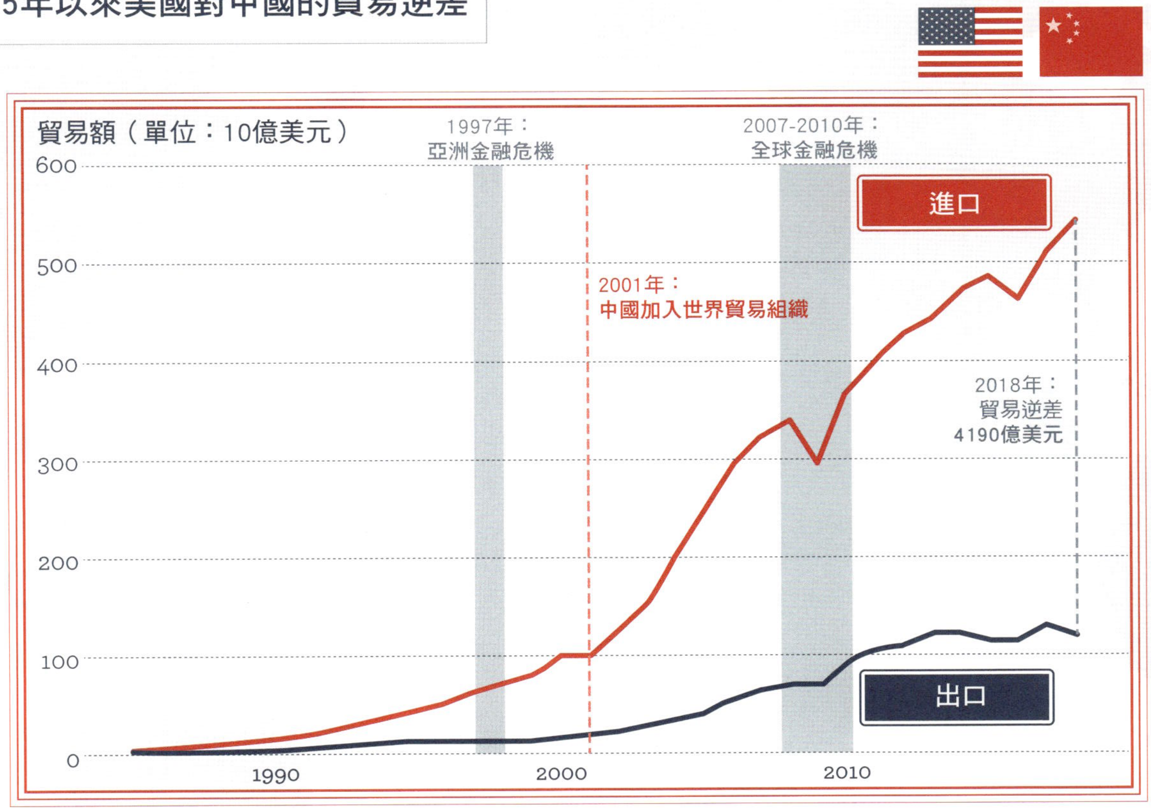

貿易額（單位：10億美元）

- 600
- 500
- 400
- 300
- 200
- 100
- 0

1990　2000　2010

1997年：
亞洲金融危機

2001年：
中國加入世界貿易組織

2007-2010年：
全球金融危機

2018年：
貿易逆差
4190億美元

進口

出口

25
亞洲勢力如何平衡？

在20世紀下半葉，亞洲國家（無論中國參加與否）皆紛紛成立了區域性合作組織或簽署經濟合作條約。例如東南亞國家協會合作條約（ASEAN）於1967年成立，目的是對抗共產主義，促進經濟發展並維持區域穩定。協會至今有十個成員國（印尼、馬來西亞、菲律賓、新加坡、泰國、汶萊、越南、寮國、緬甸和柬埔寨）。

東協已建立自由貿易區（涵蓋成員國之間以及與中國的貿易往來），設置防範金融危機的機制，促進文化與科技交流，並致力於提升成員國在國際組織中的談判力。特別是在世界貿易組織中的談判力。這些國家已成為重要的貿易夥伴，特別是對日本而言。2024年，東協的最大貿易夥伴並不是中國，而是美國。

另一方面，亞太經濟合作會議（APEC）自1989年成立以來，一直是各國政府之間的諮商論壇，目標是促進成員國之間的經濟成長與合作。不過，APEC至今未簽署任何具約束力的協議。

美國強化亞洲國家的經貿自主性

2011年，歐巴馬推動「重返

亞太」戰略，試圖重新平衡亞洲貿易關係，使得日本、韓國、菲律賓、越南、柬埔寨國和緬甸在經濟上取得對中國的平衡，進一步加強了區域經濟整合的趨勢。

不過川普總統上任後，以「美國優先」為由，宣布退出跨太平洋夥伴協定（TPP）。此舉反而促使其他十一個原TPP成員國簽署新的自由貿易協定。該新協定最終在拜登主政下推動形成新型夥伴關係，內容涵蓋數位經濟、綠色能源、供應鏈安全以及打擊貪污等議題。另一方面，由於川普對北韓友好的外交政策，使得洗刷了國際上的形象一兵一卒，便洗刷了國際上的形

北韓局勢的不確定

朝鮮自2011年以來，由獨裁者金正恩掌大權，他延續了父親的極權統治模式，發起神運動。朝鮮是全球軍事化程度最高的國家之一，並且積極發展核武計畫。2018年，美國總統川普與金正恩在新加坡舉行歷史性高峰會，雙方達成北韓無核化協議，隨後談判破裂。

朝鮮持續推動核武器計畫，並頻繁試射洲際彈道飛彈進行核武試驗。

2024年，日本、菲律賓與

由於川普對北韓友好的外交政策，使得領導人金正恩不費一兵一卒，便洗刷了國際形象。

美國也首次簽署了一項歷史性的「共同防禦條約」，鞏固彼此關係。此外，日本也受邀參與韓國與AUKUS軍事行動。同時，韓國與日本進一步加強各自軍事防禦能力，美、韓、日三國的軍隊持能繁舉行聯合軍演，目的在於追蹤並攔截北韓的飛彈。

要點

長期以來，亞洲各國在許多領域上的合作成果豐碩，尤以經濟層面成效為彰。2011年，歐巴馬推動「重返亞太」戰略，目的是重新平衡亞洲各國與中國之間的貿易關係。美國退出TPP的決定，促成亞太區域的經濟和軍事重新整合。此外，儘管華府與北韓政府於2018年曾簽署協議，北韓仍持續發展核武計畫，為整個地區帶來嚴峻挑戰。

焦點

美國在廣島與長崎投下原子彈的悲劇性事件，曾是美日關係中的一大陰影。不過雙邊關係自1945年以來，逐漸趨於穩定。2016年，歐巴馬出訪廣島，成為第一位在任內造訪當地的美國總統。此行的目的並非致歉，而是提醒世人過往歷史以作為殷鑑。同時，歐巴馬也藉此機會重申他對核武不擴散的承諾。

2019年全球半導體產能

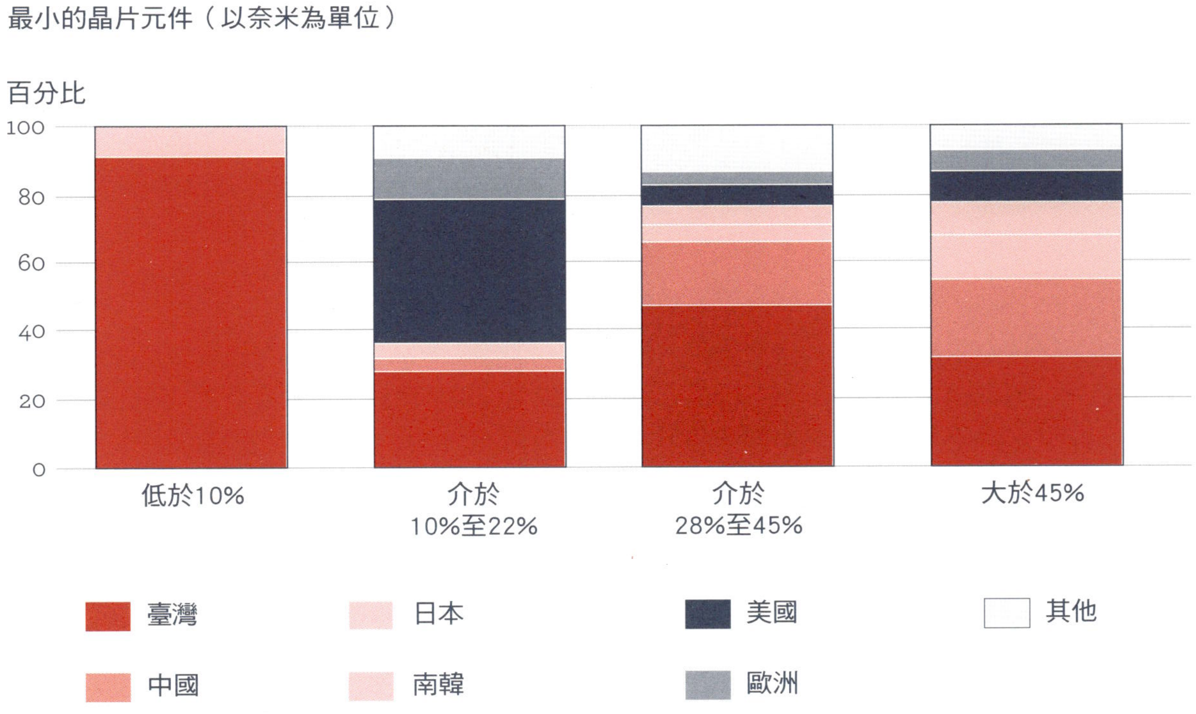

最小的晶片元件（以奈米為單位）

百分比

- 臺灣
- 中國
- 日本
- 南韓
- 美國
- 歐洲
- 其他

低於10%
介於10%至22%
介於28%至45%
大於45%

26 中東局勢：「世界警察」的終結？

2001年9月11日早晨，聖戰恐怖組織「蓋達組織」（Al-Qaeda）發動一系列自殺式恐怖攻擊，劫持四架民航客機，其中兩架撞向紐約世界貿易中心，另一架則衝撞華盛頓附近的五角大廈。時任不滿一年的美國總統小布希，在未經聯合國授權之下，先後出兵阿富汗與伊拉克，並提出所謂的「邪惡軸心」概念，將伊拉克、北韓與伊朗歸為一類。這種帶有救世主色彩的軍事回應，實際上以武力印證了政治學者薩謬爾・杭亭頓（Samuel Huntington）所提出的「文明衝突理論」，這也成為新保守派在美國外交戰略中，最後一次留下鮮明且具象徵性的標記。

阿富汗與伊拉克的戰爭創傷

不同於餘燼猶溫的冷戰對抗，美國的反恐戰爭並非針對明確的國家，而是面對一個流動、難以界定的敵人。然而，小布希為了入侵伊拉克，捏造伊國擁有大規模毀滅性武器的謊言，最終推翻薩達姆・海珊（Saddam Hussein）政權。這兩場戰爭的長期後果及其後續撤軍行動，特別是2021年8月美軍在極為混亂的情況下撤出阿富汗，至今仍餘波盪漾。美國與部分盟友（尤

其是法國）的關係，一度降至冰點。美國雖仍聲稱自己是「以法律為基礎的國際秩序」的維護者，但早已失去一部分的公信力。

逾越「不可逾越的紅線」

在美國國內，這些戰爭在人力、財政與形象層面上造成的龐大代價，重創了小布希在第二任期的支持度。歐巴馬在上任伊始，便希望向阿拉伯與穆斯林世界傳達和解訊息。特別是在2009年6月於開羅發表的重要演說中。不過，歐巴馬的政治對手毫不買帳，甚至批評他總把道歉掛在嘴邊。儘管如此，隨著數把聖戰主義恐怖攻擊發生在美國本土，包括2013年的波士頓馬拉松爆炸案、2015年的聖貝納迪諾（San Bernardino）槍擊案和2016年的奧蘭多夜店槍擊案，伊斯蘭極端主義依舊是情報單位與軍方的主要打擊目標。美國記者

詹姆斯・佛利（James Foley）、史蒂芬・榮特洛夫（Steven Sotloff）和人道救援工作者彼得・卡西格（Peter Kassig）的斬首事件，也在美國社會引發極大震撼。

2014年，「伊斯蘭國」宣布建立哈里發政府，以極權統治部分敘利亞內戰（源自「阿拉伯之春」後巴沙爾・阿薩德的鎮壓行動）的地緣政治動盪密切相關。

2013年8月30日，美國總統歐巴馬放棄對敘利亞發動原已與盟國協調完成的軍事打擊。儘管當時敘利亞政權已使用化學武器攻擊平民，代表他一年前所宣告的「紅線」（red line）正式破防。這一決定成為歐巴馬外交政策中的重大轉捩點，俄國因此趁勢擴大在中東地區的影響力。

歐巴馬做出這項退讓，背後的原因包括：美國社會擔憂深陷「敘

利亞泥沼」，對戰爭的不支持以及高昂的戰爭成本。儘管華府當然希望伊斯蘭國組成的反抗武器，給由約六十個國家組成的聯盟，帶領軍事、外交與人道層面展開行動，但歐巴馬政府仍被批評未能完整對敘利亞伸出援手，這也成為他國際聲望上的一項失分。正如如此，川普於2017年4月決定轟炸敘利亞政權軍事設施。而2021年，拜登下令攻擊敘利亞境內由親伊朗武裝團體控制的最設施，作為這些團體在伊拉克襲擊西方利益的回應。當華府正要求德黑蘭在核武談判上讓步。這是過度的軍事回應、傳遞著一種「美國堅定捍衛其利益」的訊息。不過，這種外交與軍事之間的微妙平衡特別於2023年10月7日哈瑪斯襲以色列後，耗伊朗團體對美軍基地的襲擊行動在敘利亞、伊拉克與約旦變得越加激烈，使局勢更加不穩。

要點

毫無疑問，911 事件以反美國對阿富汗和伊拉克的軍事報復行動，成為美國「世界警察」角色的一大轉捩點。這些戰爭不僅以失敗告終，還間接促成了「伊斯蘭國」的崛起，讓美國很長一段時間失去正當性，無法主導全球的地緣政治局勢，且強化了俄國和中國在中東的影響力。從歐巴馬最終放棄進軍敘利亞的立場便能得證，僅在自身部隊或直接利益遭受威脅時，採取漸進式的反擊行動。然而，2023 年 10 月 7 日的恐攻，使這套平衡法則變得更複雜難解。

焦點

在 2023 年 10 月 7 日恐攻發生之前，伊朗一直是拜登在中東區域優先關注焦點。自 2018 年美國單方面退出於 2015 年簽訂的《伊朗核問題全面協定》[12] 以來，伊朗便重啟鈾濃縮計畫。2021 年春天，六個簽約國與伊朗在維也納展開新一輪談判，希望促成新的核子協議。然而，德黑蘭要求美國解除川普政府反美國國會重新施加的經濟和金融制裁，來作為談判的前提，美方則拒絕這項要求。此外，美國還擔心伊朗日益提升的飛彈能力，以反伊朗對中東地區恐怖組織的支持。這場談判不僅阻礙重重，也引發了沙烏地阿拉伯和以色列的擔憂。

---

[12] 伊朗核問題全面協定是伊朗與美國、英國、法國、德國、俄國和中國達成的協議，目的是以解除國際對伊朗的經濟制裁當作交換條件，阻止伊朗研發核武。

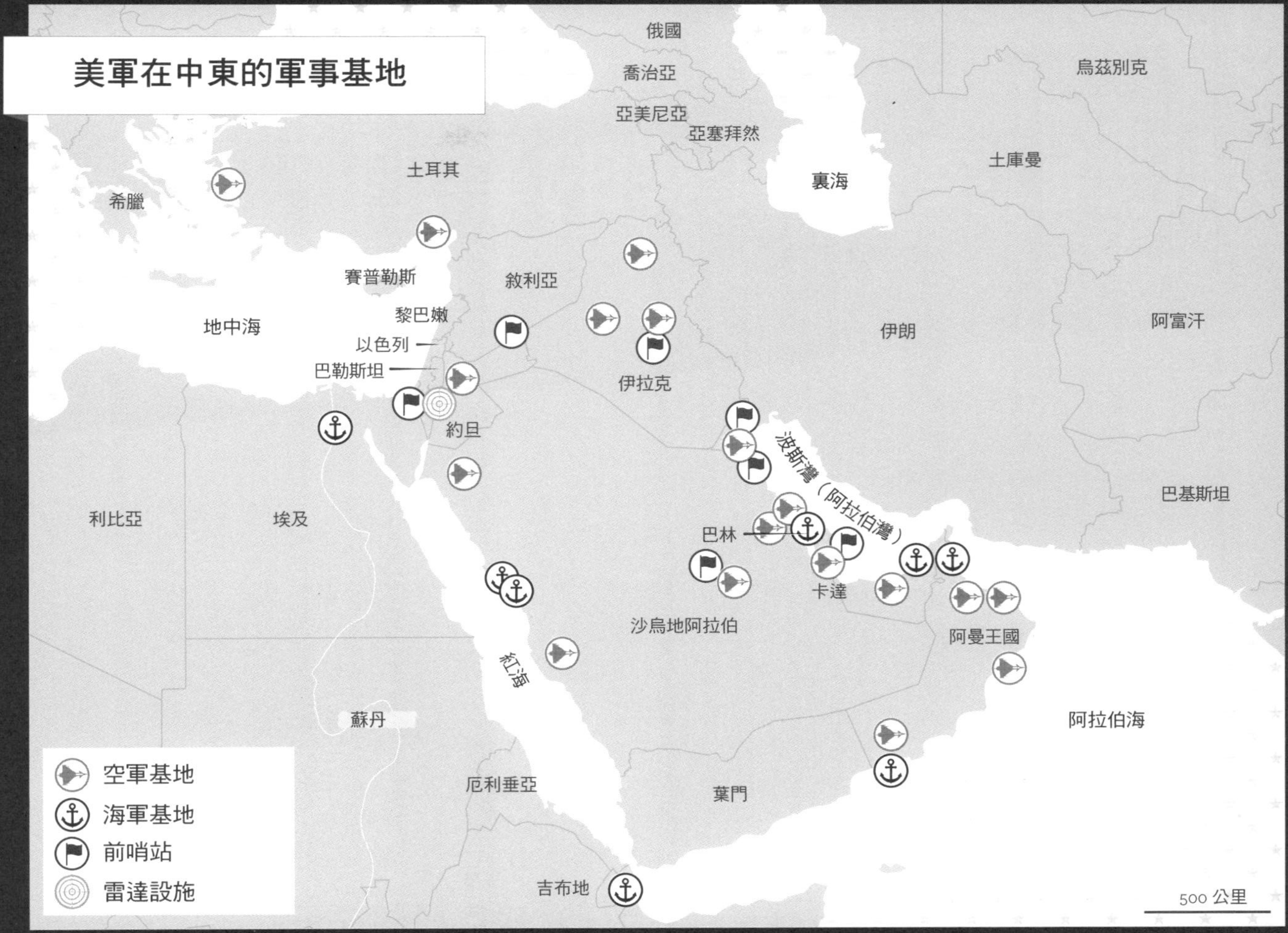

美軍在中東的軍事基地

- ✈ 空軍基地
- ⚓ 海軍基地
- 🏠 前哨站
- 📡 雷達設施

利比亞 / 希臘 / 地中海 / 埃及 / 蘇丹 / 厄利垂亞 / 吉布地 / 葉門 / 沙烏地阿拉伯 / 阿曼王國 / 阿拉伯海 / 巴基斯坦 / 阿富汗 / 土庫曼 / 烏茲別克 / 裏海 / 俄國 / 喬治亞 / 亞美尼亞 / 亞塞拜然 / 土耳其 / 賽普勒斯 / 黎巴嫩 / 以色列 / 巴勒斯坦 / 約旦 / 敘利亞 / 伊拉克 / 伊朗 / 巴林 / 卡達 / 阿拉伯聯合大公國（阿聯酋）/ 波斯灣

500 公里

27 以巴衝突：無解的難題？

美國與以色列的關係是美國外交政策的核心之一，也是以巴衝突和解（或無解）的重要關鍵。自1948年以色列建國以來，美國一直扮演以色列不可或缺的財政、軍事與外交支持者。雙方關係還帶有強烈的救贖色彩——美國的福音派基督教徒（被稱作「基督教猶太復國主義者」）認為，美國是繼《聖經》中描述的「以色列土地」之後的第二個應許之地。

無條件支持

美國的猶太社群（尤其是紐約）主要來自20世紀初期因東歐反猶騷亂（Pogrom）與納粹迫害的移民，他們自始至終支持以色列。美國總統杜魯門（Truman）更是在以色列建國當天，立即承認其主權。美國不僅提供大筆經濟援助，還在以色列永久駐軍，支持研發軍武，並與以色列共享部分情報。儘管自1960年代以來，美國一些總統或國務卿對以色列的領土和軍事政策有所保留，美國仍然是以色列最重要的盟友。

難以實現的和平

自1950至1960年代以來，以色列的擁核問題一直是美以關係

118 GÉOPOLITIQUE DES ÉTATS-UNIS

中的僵局。1967 年的六日戰爭[13]和 1973 年的贖罪日戰爭[14]加深了美以之間的分歧。特別是在尼克森政府時期，國務卿亨利・季辛吉（Henry Kissinger）曾向以色列施壓，避免衝突走向無可挽回的局面。

自 1970 年代黎巴嫩內戰爆發以來，以色列便拒絕從南黎巴嫩撤軍。但 1978 年，在美國，埃及與以色列簽署了《大衛營協議》（Camp David Accords）讓美以關係暫時和緩。隨後，美國總統老布希（George H. W. Bush）曾試圖阻止以色列在巴勒斯坦地區建立定居點，最後失敗告終，並引發美國親以色列遊說團體的不滿。

1993 年，在美國總統柯林頓的促成下，巴勒斯坦解放組織（PLO）領袖亞西爾・阿拉法特（Yasser Arafat）與以色列總理伊扎克・拉賓（Yitzhak Rabin）簽署了《奧斯陸協議》（Oslo Accord），本可以

為以巴和平奠定基礎。然而，拉賓隨後遭到以色列極端主義者暗殺，使和平希望破滅。隨後，納坦雅胡與以色列總理班傑明・納坦雅胡（Benjamin Netanyahou）也與阿拉伯的原計畫加入協議，但 2023 年以色列的支持，但同時面臨新的軍火談判難題：米防止伊朗威脅。

歐巴馬執政時期，曾強烈譴責以色列再次在約旦河西岸擴建定居點，而與以色列總理納坦雅胡之間的關係惡化。2014 年，美國國務卿約翰・凱瑞（John Kerry）甚至用「種族隔離」一詞，形容以色列在巴勒斯坦的領土政策。共和黨主導的美國國會則批准對以色列新一輪財政援助，而歐巴馬跟伊朗協商解除制裁而簽署了《伊朗核問題全面協定》，這項舉措讓以色列無法原諒。

2020 年，以色列與阿拉伯聯

合大公國、巴林之間簽署了《亞伯拉罕協議》（Abraham Accords，隨後蘇丹與摩洛哥也陸續加入。這項聲明動員普林的效益有限，沙烏地阿拉伯的原計畫加入協議，但 2023 年 10 月 7 日的恐怖攻擊瓦解了原有的談判。巴勒斯坦武裝組織哈瑪斯（Hamas）在加薩地發動襲擊，造成約 1,200 人喪生（多為平民），並以色列軍與財政支援，協助反擊行動。隨後，以色列在加薩與黎巴嫩的軍事行動中，導致數萬人喪生（大多數為平民），引發國際強烈批評，也質疑拜登政府的決策。相較之下，川普則對納坦雅胡展現出更加無條件的支持，他甚至曾建議要「清空」整個加薩地區，將巴勒斯坦人完全驅離後，開發成「新的蔚藍海岸」。

要點

美國對以色列的長期支持，部分來自美國境內龐大的猶大社群，以反「應許之地」的宗教神話。以色列自1948年建國以來，一直獲得美國支持援助，即便在六日戰爭和贖罪日戰爭等軍事衝突期間，美以關係曾一度冷卻。美國也曾多次嘗試促成以巴和平，例如1993年的奧斯陸協議，但優優以失敗告終。2023年10月7日的襲擊事件發生後，美國立即向以色列提供軍事和財政援助，以協助以色列對抗哈瑪斯。然而，以色列在加薩和黎巴嫩的軍事行動導致大量平民傷亡，引起越來越多的反彈聲浪。

焦點

川普為了迎合美國的福音派基督徒，並確保在總統大選獲得選票，決定將美國駐以色列大使館從特拉維夫搬到耶路撒冷，這相當於正式承認這座「三大宗教聖城」為以色列的首都。

[13] 六日戰爭是以色列與埃及、約旦、敘利亞等阿拉伯國家之間的衝突，以色列在六天內迅速獲勝，奪取了西岸、加薩、戈蘭高地和西奈半島等領土。

[14] 埃及與敘利亞在猶太教贖罪日 (Yom Kippur) 突襲以色列的戰爭，目的是奪回六日戰爭中失去的領土。初期阿拉伯聯軍頗有進展，但以色列隨後反擊，最終在美蘇介入下停火。贖罪日戰爭改變了中東地緣政治局勢，並促成後來的埃以和談。

2024年美國對以色列的軍事援助

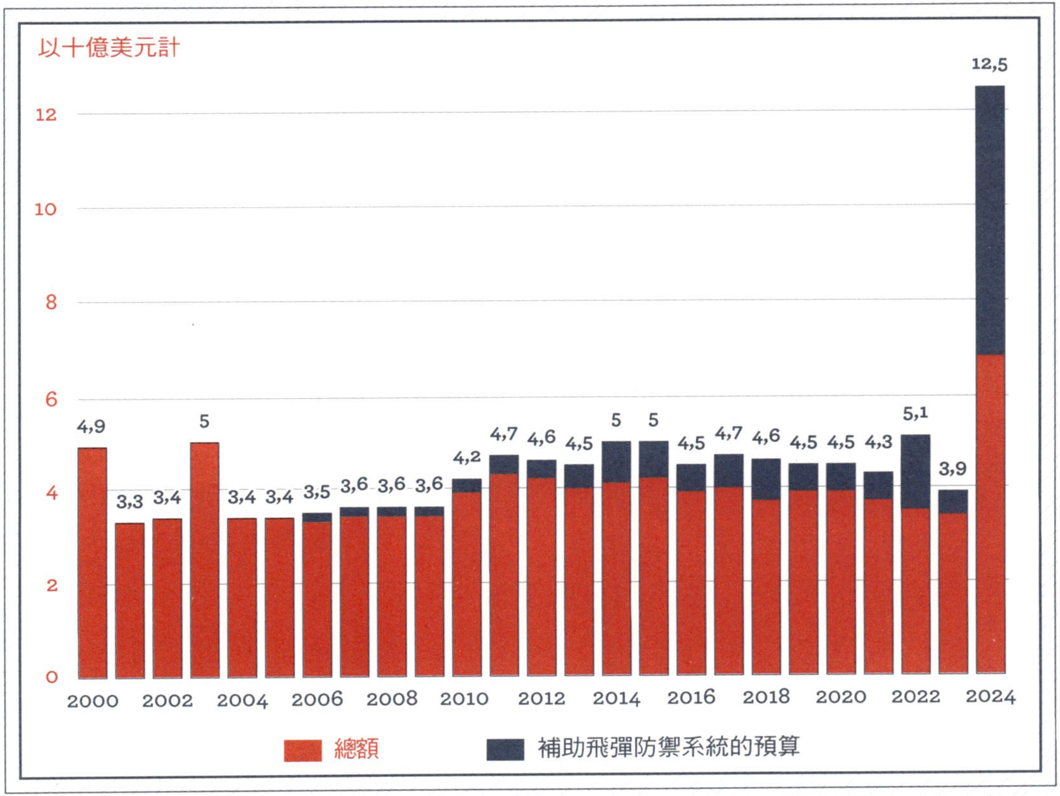

以十億美元計

年份	總額	補助飛彈防禦系統的預算
2000	4.9	
2001	3.3	
2002	3.4	
2003	5	
2004	3.4	
2005	3.4	
2006	3.5	
2007	3.6	
2008	3.6	
2009	3.6	
2010	4.2	
2011	4.7	
2012	4.6	
2013	4.5	
2014	5	
2015	5	
2016	4.5	
2017	4.7	
2018	4.6	
2019	4.5	
2020	4.5	
2021	4.3	
2022	5.1	
2023	3.9	
2024	12.5	

28 俄國：在合作、貪腐與網路攻擊之間

川普在競選總統時，曾承諾當選後要「修補」美俄關係，當時歐巴馬與普丁水火不容。不過，敘利亞問題、俄烏戰爭，以及最關鍵的——川普團隊跟俄國之間的勾結——包括 2016 年大選期間甚至更早的金融往來，皆一再延宕此布局。

2017 年 7 月，美國國會通過了一項法案，對俄國（反北韓和伊朗）實施更嚴苛的經濟制裁，並限制美國總統動用否決權來推翻這些制裁。共和黨議員希望藉此懲罰俄國，理由包括 2016 年俄國干涉美國總統選舉、2014 年併吞克里米亞、入侵烏克蘭、侵犯人權，以及對敘利亞總統阿薩德的支持。

川普一開始態度曖昧，但隨著「通俄門」調查案越如火如荼，尤其當檢察官羅伯特‧穆勒（Robert Mueller）的調查愈加緊迫逼人時，他最終別無選擇，只能簽署該法案。

「通俄門」醜聞

雖然俄國克里姆林宮一事已被證實（駭客入侵民主黨電子郵件、散播假新聞、對搖擺州的選民投放廣導性廣告等），但川普競選團隊 2016 年美國總統選舉干預

甚至川普本人是否跟俄國有實質上的聯繫，至今沒有確鑿證據。此外，川普當選後是否意圖擺脫司法調查，也難以定論——例如他將聯邦調查局局長詹姆斯·柯米（James Comey）革職一事。

難以監管的「假新聞」

美國國會調查顯示，俄國透過臉書、行銷平台，甚至官方政治宣傳，大肆購買政治廣告，並在社群媒體與合歌等平台上，鎖定美國特定地區的選民投放，這些訊息多半眼身份認同、宗教議題相關。

據推估，2016年美國大選期間，俄國共散布130萬則訊息、3.6萬個機器人推文，觸及人數達1.26億美國民眾。這項數據是由臉書揭露，2017年11月，臉書、谷歌和推特一同出席參與美國參議院司法委員會的聽證會。

外界也強烈質疑俄國干預2020年和2024年的美國選舉，許多觀察家指出川普團隊與克里姆林宮有密切往來。2022年俄烏戰爭爆發後，使國際局勢再陷入類冷戰格局。美國扛起北約大旗，向烏克蘭總澤倫斯基（Volodymyr Zelensky）領導的軍隊提供軍事、後勤與財政支援。川普在競選中曾將「迅速解決烏克蘭戰爭」列為政見之一，甚至直言：「烏克蘭沒戲唱了。（Ukraine is gone.）」

2016年美國大選期間，共有1.26億美國民眾受俄國假訊息影響。

要點

川普競選提出的承諾之一是改善美俄關係，不過他的這項主張因「通俄門」醜聞而受阻——也就是川普陣營在競選期間與俄羅斯之間疑似存在勾結的指控。此外，國會通過的對俄制裁法案也成為障礙，該法案針對俄羅斯吞併克里米亞以及其對敘利亞的支持等行為，實施經濟制裁。美國司法機關已確認俄羅斯干預2016年美國總統選舉的行為，這項指控也在2020年與2024年選舉期間再度成為焦點。至於拜登政府在俄烏戰爭中對烏克蘭的支持，則遭到川普的質疑。

焦點

在川普執政期間，國會針對行政權在國家安全議題上的權限展開更激烈的角力戰。2023年，國會通過法案，明文禁止任何美國總統單方面決定退出北約。自911恐怖攻擊以來，白宮在國家安全事務上的權限大幅擴張。在拜登執政時，重建行政與立法兩權之間的平衡，已逐漸成為兩黨共識。

烏克蘭十大軍事援助國

2022年1月24日至2023年1月15日期間曾經承諾提供軍事援助的國家

國家	金額
美國	466億美元
英國	51億美元
歐盟	33億美元
波蘭	25億美元
德國	25億美元
加拿大	14億美元
荷蘭	9億美元
義大利	7億美元
法國	7億美元
挪威	6億美元

烏克蘭

29 波斯灣阿拉伯國家：新興勢力

1945年，富蘭克林·羅斯福（Franklin Roosevelt）總統和沙烏地阿拉伯國王伊本·沙烏地（Ibn Saoud）簽署了兩國關係協議，自此鞏固美國和沙國之間的關係。其中一個具體表現是，在第二次世界大戰結束後，沙國在石油開發方面優先選擇與美國石油公司合作，而非與當時與殖民勢力相關聯的歐洲公司往來。羅斯福則承諾美國會保障沙國國的安全作為交換條件。

沙國與美國的深厚關係

911恐怖攻擊事件，讓外界再次關注沙烏地阿拉伯與蓋達極端組織，尤其是賓賓·拉登家族的關係。不過，美方仍選擇與沙國結盟，以便共同對抗「伊斯蘭國」。在歐巴馬執政時期，雙方關係一度轉冷。首先在2015年，美國與英國、法國、俄國、中國、德國及伊朗簽訂了《伊朗核問題全面協定》（或稱《聯合行動計畫》），讓沙國氣得跳腳。國王沙爾曼（Salman）甚至拒絕出席在華府舉行的重要阿拉伯國家峰會。此外，伊朗藉盟友間接擴大在敘利亞、巴嫩和伊拉克地區的影響力；最後，沙爾曼認為歐巴馬在巴勒斯坦問題和對以色列的政策上不夠強

硬，諸多種種影響了雙方關係。

川普執政時，強化美國、以色列與沙烏地阿拉伯的結盟，再加上阿拉伯聯合大公國（Emirates）──這些國家共同的敵人為伊朗。三國均試圖削弱伊朗在中東地區的擴張與影響力。

被遺忘的人權

2017年11月，沙烏地阿拉伯王儲穆罕默德・本・沙爾曼（Mohammed Ben Salman, MBS）主導了一場大規模「肅清行動」，導致數十位反對派人士與潛在的政敵下獄。

川普則對沙國領導人表示支持，認為這些被打擊的對象「多年來一直在淘空國家財富」。同年5月，沙國與美國簽署了總額近4,000億美元的合約，其中1,100億美元用於購買美國武器，且華府並未就人權議題提出任何交換條件。此外，美國依賴沙烏地阿拉伯及其他海灣國家，不在於確保來自他們的石油供應，而是因為美國經濟高度依賴來自以亞洲為主的進口──而這些國家的經濟則仰賴波斯灣石油。川普首次海外訪問便選擇沙烏地首都利雅德（Riyadh），希望眼過沙國建立象徵性及經濟上的連結。

與海灣阿拉伯君主國進行談判時，商業與軍事利益往往不可分，這也時常導致美方放棄其一貫強調的價值外交原則。

2018年，賈邁爾・卡舒吉（Jamal Khashoggi）於伊斯坦堡遭沙烏地政權協助謀殺，以及美籍巴勒斯坦記者希林・阿布・阿克勒（Shireen Abu Akleh）在2022年於傑寧被以色列軍隊射殺等事件，皆迅速被美國談判代表擱置不談。拜登總統需要跟MBS保持合作來壓低國際油價，並爭取其在以哈衝突中的合作（釋放人質、停火、以及修補自10月7日襲擊以來沙以的破裂關係）。沙國則不斷提高談判籌碼，因為它同時也意圖拉攏俄國和中國。

透過美國國務卿布林肯，美方與該區域各主要相關方之間的談判顯著增加，尤其是與卡達首都多哈（卡達首都）在許多議題上的接觸，以促成釋放被哈瑪斯扣押的人質。多哈是美國的重要戰略夥伴，自俄烏戰爭爆發以來，美國便頻繁與卡達磋商，以確保天然氣供應穩定。因為卡達擁有龐大的天然氣儲備，雙方有著密切的共同利益。卡達這個小型長國是美國的盟友，境內設有大型美軍基地，同時也是美國軍火的重要買主之一。

要點

自1945年以來，美國與沙烏地阿拉伯維持友好的外交關係。但在歐巴馬執政時期，兩國關係一度惡化，而川普上台後則全面支持沙國。儘管雙方仍然存在一些分歧，但美國基於經濟和戰略利益，仍然希望持續與沙國緊密合作。尤其因石油問題和10月7日哈瑪斯襲擊事件引發的安全議題，使美國與波斯灣各國的關係變得更加錯綜複雜。

焦點

2024年，美軍對葉門胡塞武裝（Houthis）展開強力攻擊。這支由伊朗支持、同時也是哈瑪斯盟友的葉門叛軍，攻擊被懷疑與以色列有關的軍艦以及美國商船，目的是干擾紅海的航運安全。美國與英國因此聯手轟炸了胡塞武裝在葉門的軍火儲存庫。胡塞武裝的襲擊已經迫使許多國際航運公司暫停通行紅海，但後者占有全球12%的貿易量運輸。胡塞武裝的軍事實力被低估，如今已成為中東地區不容忽視的勢力，過去這個組織曾長期遭到低估。它跟與伊朗並非因為10月7日的襲擊事件而拉近關係，不過哈瑪斯發動的襲擊事件讓胡塞武裝變得更加活躍。

石油產量

產量（以每日千桶為單位計算，佔 2022 年總產量的百分比）

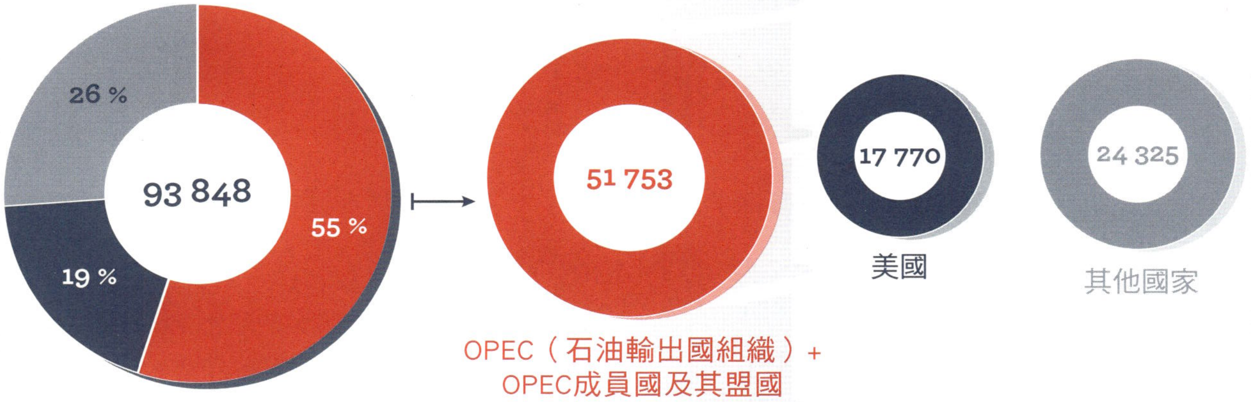

93 848
- 26 %
- 19 %
- 55 %

51 753 — OPEC（石油輸出國組織）+ OPEC成員國及其盟國

17 770 美國

24 325 其他國家

30
非洲：被遺忘的大陸？

長期以來，非洲大陸不是美國外交政策優先關注的區域。由於殖民及其漫長歷史的影響，非洲與歐洲建立了深厚關係，同時也曾是冷戰期間東西方陣營對抗的戰場。隨著東方集團的瓦解，及911恐怖攻擊後，地緣政治格局出現劇烈轉變。從那時起，新的外交與經貿關係變得不可或缺。

冷戰後的轉折點

1990年代起，美國在開拓非洲市場的同時，也推動發展、民主、公共衛生與人道援助等政策。1992年上台的柯林頓與南非領導人納爾遜·曼德拉（Nelson Mandela）、奈及利亞總統奧盧塞貢·奧巴桑喬（Olusegun Obasanjo）保持友好，並透過「柯林頓基金會」長期

與非洲多國維繫關係。2000年，他推動《非洲成長與機會法案》（AGOA），允許產自撒哈拉以南非洲國家的部分商品可免關稅進口美國。前提條件是這些國家必須尊重人權、法治以及勞工權益。

小布希執政期間，美國對撒哈拉以南非洲國家的援助成長了四倍。具代表性的計畫包括：「總統防治愛滋病緊急救援計畫」

（PEPFAR）來打擊愛滋病，以及推動經濟成長以減緩貧窮的「千年挑戰公司」（MCC），該機構約有 60% 的資金投入非洲國家。此外，為了加強反恐行動，小布希於 2007 年還成立了「美國非洲司令部」（AFRICOM）。

歐巴馬政府：未達期待，但瑕不掩瑜

歐巴馬的父親來自肯亞，因此非洲大陸對他抱有高度的期待，尤其是在他 2009 年 6 月開羅演說後。只不過，歐巴馬第一任期內的施政重心是解決美國經濟危機，推動醫療改革以及從伊拉克與阿富汗逐步撤軍。歐巴馬也不希望外界認為他是「黑人總統」，因為他希望

建立一個「後種族」的美國。他選擇與一些專制政權攜手合作，如衣索比亞（Ethiopia）、烏干達（Uganda）和盧安達（Rwanda），共同打擊恐怖主義，這與推廣民主的目標背道而馳。此外，他還在葉門（Yemen）和索馬利亞（Somalia）發起無人機攻擊。即便如此，歐巴馬政府仍在任內推動數個幫助非洲自主發展的計畫：「餵養非洲」（Feed Africa）[15]、協助非洲產品打入全球新興市場的「非洲貿易計畫」（Trade Africa）」、以及「非洲能源計畫」（Power Africa），目標是在 2030 年前讓非洲電力普及率翻倍。他還延長 AGOA 法案至 2025 年，但由於出口產品的附加價值不

高，對於非產油國的非洲國家來說仍處於不利地位。

川普與拜登政府：延續或改變？

川普上任後，曾試圖削減三分之一的對外援助，對非洲造成不小影響。不過，這些措施在國會支持下未得以落實，甚至變本加厲。與此同時，非洲在經濟、文化與教育交流方面，如今與中國的往來已超越與美國的互動；俄羅斯則在當地展開軍事協助。川普在其第一任期內未曾訪問非洲，甚至曾以「屎坑國」（Shithole countries）形容部分非洲國家；拜登上台後，參訪過一次非洲基礎建設與經貿合作，聚焦投資在非洲雖存有一定的外交影響力，並透過明當地公民社會的連結持續發揮作用。

要點

直到 1990 年代，美國才開始積極跟非洲展開外交關係。美國的目的是進軍非洲市場，並同時協助當地經濟發展。2008 年，歐巴馬當選美國總統，由於他的肯亞血統，讓非洲大陸對他寄予厚望。他後來確實促成了多項對非洲有利的合作計畫，這些計畫特別聚焦於消除飢餓，並致力於在 2030 年前讓更多非洲地區獲得電力供應。

焦點

1986 年，美國總統雷根曾對一項最終獲得通過的法案動行使否決權。但法案最終未能通過，內容是對南非種族隔離政權實施經濟制裁——包括禁止在南非的任何新投資、對煤炭、鋼鐵、鈾與紡織品實施進口禁令，並禁止南非航空的飛機降落美國機場。面對外界批評，雷根辯稱這項制裁將對當地居民造成不利影響，並重申他對種族隔離制度（apartheid）的譴責立場。

[15] 協助非洲大陸改善農產食品產出，尤其重視農業糧食系統改革，以確保糧食安全的轉型計畫。

非洲與美國及中國的雙邊貿易額比較（2000年至2022年）

以十億美元計

—— 美國
—— 中國

第四部

十大行動策略

3 1
從新保守主義到現實主義：歷任總統的外交政策

每一位美國總統上任後，通常希望留下具個人風格的政績，而這任往代表與前任總統的政策方向或多或少切割。我們可以將這些政策方向大致分為幾個主要流派。

超越黨派的「現實主義外交政治」

尼克森執政時期，在外交上大力採用所謂的「現實主義外交」政策。這種策略基於當前國際力量的平衡，強調綜合考量各種資訊與情勢，並評估多樣化的行動選項。其核心目標是盡可能去意識形態化，不受理想主義牽制。「現實主義外交」往往避免軍備競賽，雖然批評者認為這種做法過於冷酷、缺乏道德原則，甚至帶有某種大儒主義，但它基本上仍遵循多邊主義的原則運作。

老布希接替雷根出任總統後大致延續了這種「現實主義」外交方針。當時正值柏林圍牆倒塌和蘇聯解體之際，1990至1991年間由美國主導並在聯合國授權下組織的國際聯盟，對伊拉克薩達姆·海珊入侵科威特展開反擊，發動第一次波斯灣戰爭，這一行動可被視為一種「現實主義」實例。歐巴馬的外交取向也常被歸類為此一現實主義

136 GÉOPOLITIQUE DES ÉTATS-UNIS

義踐線。

新保守主義：從全盛時期至失去公信力

新保守主義在美國的歷史可以追溯到冷戰初期，它受到反共思想的滋養，不僅強調防衛，同時也主張推廣自由市場經濟與民主制度。這是一種高度意識形態化的全球角色觀，將美國視為歷來在世界舞台上積極推動其價值觀的國家。「新保守主義」帶有傳教式的特質，也反映在外交與軍事政策上的干預傾向。

新保守主義不僅影響了雷根的兩個任期，更在911恐怖攻擊後，主導的地緣政治策略核心，並以「流氓國家」、「邪惡軸心」等明確字眼帶動輿論。

隨著2003年伊拉克戰爭所帶來的慘烈後果，新保守主義聲望重挫。在小布希第二任期結束時，這一思潮已在共和黨內淪為少數派。除了伊拉克與阿富汗戰爭的不受歡迎外，新保守主義更被批評助長了「伊斯蘭國」的崛起，尤其是在伊拉克地區。

歐巴馬試圖讓美國退出這些「無止盡」的戰爭。川普上台後延續了這個目標，而拜登在任期完成阿富汗撤軍計畫。不過，美國陷入俄烏戰爭的泥淖，以及在以巴衝突中對以色列的金援，使拜登政府飽受批評。部分輿論認為，冷戰時期的對峙情勢再度浮現，且美方在人道援助事務再度被認為是雙重標準，奉行「交易式外交」的川普偏好雙邊關係。但這種模式的問題是，只要他總統任期內的短期利益一旦受到挑戰，政策馬上急轉彎。他有意擺脫傳統共和黨的外交框架，公開與「現實主義」與「新保守主義」劃清界線。而他第二任期守主義」動能呈示中，則展現出強烈的帝國主義色彩（如涉及格陵蘭、巴拿馬、加拿大、加薩等地）。

美國對外政策和軍事方面的干預特質，源自於新保守主義思想。

要點

川普希望跟歐巴馬和拜登區隔立場,同時也有意跟過去的共和黨總統劃清界線。因此,他既不奉行現實主義外交(如尼克森、老布希、歐巴馬),也不認同新保守主義(如雷根、小布希)。川普無意走上共和黨傳統外交理念的老路,並打算以「交易外交」跟拜登政府分道揚鑣,拒絕參與那些讓美國付出高昂代價、不符美國短期利益的衝突。

焦點

美國在全球的經濟與美元的霸主地位正面臨越來越嚴峻的挑戰,其對外軍事干預的動機也受質疑。這些質疑不僅來自國際社會,也出現在美國國內。美國對以色列的無條件支持,卻未顧及加薩與黎巴嫩平民的處境,跟對於烏克蘭平民的援助形成對比,這在多數國家眼中顯得自相矛盾。針對美國「協助加薩種族滅絕」的指控,也在全球引起強烈迴響。

美國的政治思想流派

不介入國際衝突

孤立主義
「昭昭天命」（美洲大陸的擴張政策）
19世紀至1917年間、
1920年至1941年間
川普時期

單邊主義
美國扮演「世界警察」角色
小布希時期
川普時期

現實主義外交
「推回」（Roll-back）外交政策
尼克森時期：
季辛吉眼中國、蘇聯的三角外交
老布希、歐巴馬和拜登時期

介入國際衝突

干預主義
美國承擔世界霸主角色
（1917至1919年、1941至2011年）

理想主義
威爾遜、羅斯福、卡特時期
雷根時期：
和平主義與新外交
將蘇聯視為「邪惡帝國」
小布希時期：
提出「邪惡軸心」定義

多邊主義（在聯合國支持下實施）
老布希時期
柯林頓時期
歐巴馬時期
擴大交往政策（enlargement）
拜登時期

32 聯合國與北約的角色如何重新定位？

聯合國與北約的歷史跟美國密不可分。「聯合國」這一詞據信最早由美國總統羅斯福於第二次世界大戰期間提出，並出現在1942年1月1日《聯合國宣言》中。當時有二十六個國家支持《大西洋憲章》，共同承諾繼續對抗軸心國勢力。

1945年10月24日，聯合國正式成立，現已囊括幾乎全球所有主權國家。其宗旨共有四項：維護國際和平與安全、促進國際間之友好關係、保護人權，以及協調國際間為實現上述目標所做的努力。

核心目標：多邊主義

美國是聯合國安全理事會中最具影響力的成員之一，安理會總部設於紐約。美國承擔大約五分之一至四分之一的聯合國預算，這也成為其對聯合國決策施加影響的手段之一，尤其是在冷戰結束以後。安全理事會的常任理事國包括美國、法國、英國、中國與俄羅斯（前身為蘇聯），這五國皆擁有否決權。而美國的影響力經常受到俄國和中國的挑戰。

另一方面，北大西洋公約組織（NATO）於1949年成立，是一個常設且整合的軍事組織，擁有

獨特的軍事行動能力。北約最初的主要目的是保障西歐的安全，並眼美國保持密切的軍事聯繫，一同對抗蘇聯。自1989年起，北約的戰略逐步轉型，涵蓋範圍擴及中東地區，致力於打擊聖戰主義，以及防止大規模毀滅性武器與核武的擴散。近期因俄烏戰爭，再度將重心拉回歐洲。

北約目前共有三十二個成員國（包括美國、加拿大及三十個歐洲國家），理論上，各成員國應將其國防預算的2%投入軍事支出，其中一部分用於北約。成員國是否參與軍事行動皆可自主決定，唯有在某成員國遭受攻擊時，依《北大西洋公約》第五條，所有盟國有義務共同應戰。

身為北約的最大資助國，美國一再強調，所有成員國應遵守2%國防支出的規定，否則將危及成員國彼此間的互信，甚至促使部分東歐國家向俄國靠攏。事實上，北約自成立以來就是一個具有反俄性質的組織，至今仍然如此。但其內部矛盾經常導致離換狀態，阻礙和平發展，並助長川普政府將美國的參與承諾作為籌碼，要求盟國提高軍費或調整貿易規則。這樣的訴求也與加強歐洲自我防衛能力的呼聲相一致。

美國會多次繞開聯合國安理會，單方面展開軍事或外交行動。例如，在911恐攻後，時任總統的小布希在聯合國授權下出兵阿富汗，以打擊蓋達組織；但之後在未獲聯合國授權的情況下發動了伊拉克戰爭，這場戰爭最後以失敗告終。

組織如何重整以面對未來挑戰？

> 憑藉著對聯合國的巨額資助，美國握有主導大權。

要點

美國在聯合國與北約的歷史中扮演極為重要的角色,並在聯合國安理會擁有極大主導權,而俄國和中國經常抨擊此點。美國也曾多次在未經安理會授權的情況下,自行展開軍事或外交行動。北約從歷史上便是一個具有反俄性質的組織,至今仍然如此。然而,自冷戰結束後,北約關注的焦點也擴展至打擊恐怖分子,以及防止大規模毀滅性武器的擴散。

焦點

北約在制定因應衝突和戰爭的戰略,納入的分析和行動考量要素變得多樣化,例如氣候變遷,越來越多衝突與各國敵族群對基本資源的爭奪息息相關。此外,北約也正重視性別議題,包括提升女軍比例、設計適合女性的軍備、設計武器將性別差異納入考慮等。這些新觀點已成為影響部隊在戰場上整體效能的關鍵因素,尤其在選擇新型武器(如人工智慧、無人機等)時扮演重要角色。

聯合國會員國分布圖

加入聯合國的時間

- 1945年加入（創始成員國）
- 1946至1969年間加入
- 1970至1989年間加入
- 1990年後加入
- 非會員國
- 擁有否決權的常任理事國

33 太空：新一波「星際戰爭」

距離美蘇冷戰時期的「太空競賽」已經過去六十多年，如今，太空再次成為全球地緣政治的關鍵戰場。隨著俄羅斯在太空領域的沒落，讓中國自2000年代趨勢逐步佔據俄國留下的空缺，同時和俄國保持外界霧裡看花的合作關係，企圖給西方下馬威。俄烏戰爭重新讓美俄競爭白熱化，俄國發射一顆軍事用途的衛星至低地球軌道上。

2002年，隨著第二次波斯灣戰爭爆發，美國退出《反彈道飛彈條約》（ABM），並大力宣傳以「非強制性準則」來規範太空領域，這一立場遭到俄國與中國的反對。

中國：新的太空競賽對手

自習近平上台以來，便致力推動中國成為「太空大國」。2019年，中國探測器成功在月球背面著陸，創下全球首例。2020年，中國完成北斗衛星導航系統，象徵經濟與技術的自主性大幅提升。2021年，中國又將一台探測器送上火星。2022年，中國的軍事衛星發射次數超越了美國。2023年，神舟十六號任務成功將三名太空人送任「天宮」太空站。中國的下一步計劃是在2030年前登陸月球，展開研究與樣本採集任務。美國也有

一樣的野心，但從 1960 至 1970 年代的「阿波羅計劃」以來，美國便未曾再登上月球。

此外，中國也正致力於開發高精度太空望遠鏡。根據 2022 年美國國防部的一份報告，中國可能在 2045 年前超越美國，成為太空第一強國，並警告中國可能意圖封鎖美國進入特定太空區域。

因此，中美兩國在太空探索上是處於競爭而非合作的關係，這令部分專家感到遺憾。

創新科技的新戰場

太空如今已成為中美之間的競爭舞台，不僅用來展現國際競

爭，同時也是軍事、安全與經濟主導權的技術創新與戰略應用測試平台。若爆發戰爭，掌控太空資源將可能成為戰略關鍵。目前中國在軌運作的衛星中，約有一半屬於軍用。這些衛星能夠更精確地監控特定區域與目標（進一步強化情報收集），也能提升對目標的打擊效率，甚至具備攻擊他國衛星或干擾敵方導航系統的能力。提升打擊敵方衛星或干擾敵方的精確度，甚至能攻擊敵方的全球定位系統。由此可見，太空戰不僅是資訊戰，更是威脅敵方的一部分。

其他國家也不甘示弱：印度 2023 年首次成功將探測器送上月球；丹麥與哥倫比亞也正在研發送出名的軍事衛星；西班牙在安達魯西亞發射了自製火箭；阿拉伯聯合大公國已成功將一艘火星探測器送入軌道。

近年來，私人企業越來越積極投入太空產業領域，例如馬斯克的太空探索科技公司（SpaceX）與美國國家航空暨太空總署（NASA）合作開發「星艦」（Starship）超大型火箭，並希望能複製中國電動車產業崛起模式——而創辦特斯拉的馬斯克正是這場競賽的關鍵人物。對於民間企業而言，太空競爭者有數十億美元的商機，因為全球有數十億台裝置的定位功能都將依賴衛星系統。

私人企業越來越積極投入太空產業領域，例如馬斯克的太空探索科技公司與美國國家航空暨太空總署攜手合作。

要點

自冷戰時期的美蘇太空競賽以來，如今中美之間的太空競爭也白熱化，成為21世紀的主軸競爭之一。自2019年以來，中國迅速發展太空科技，目的不僅強化科學、戰略、經濟及軍事領域的發展，以及提升全球影響力。美國和中國皆大力推動公私部門協力（Public-Private-Partnership），因為眾多關鍵的經濟產業依賴衛星導航技術的進步。

焦點

由NASA主導的「阿提米斯計畫（Artemis）」，目標是將男性與女性太空人送入太空，進行探索與研究任務，目標先是登月球、火星其次。此計畫的特色是強調國際合作，參與單位包括歐洲太空總署（ESA）、加拿大太空總署（CSA）、日本宇宙航空研究開發機構（JAXA）以及多間私人企業合作夥伴。如同過去的阿波羅（Apollo）計畫，阿提米絲計畫也將從環繞月球的任務開始，接著登陸月球，並計畫建造一座名為「門戶」（Gateway）的繞月太空站。美國打算在月球上建立永久基地，至於火星任務，雖然仍屬長期目標，但美國計劃在2030年代結束前啟動相關部署。

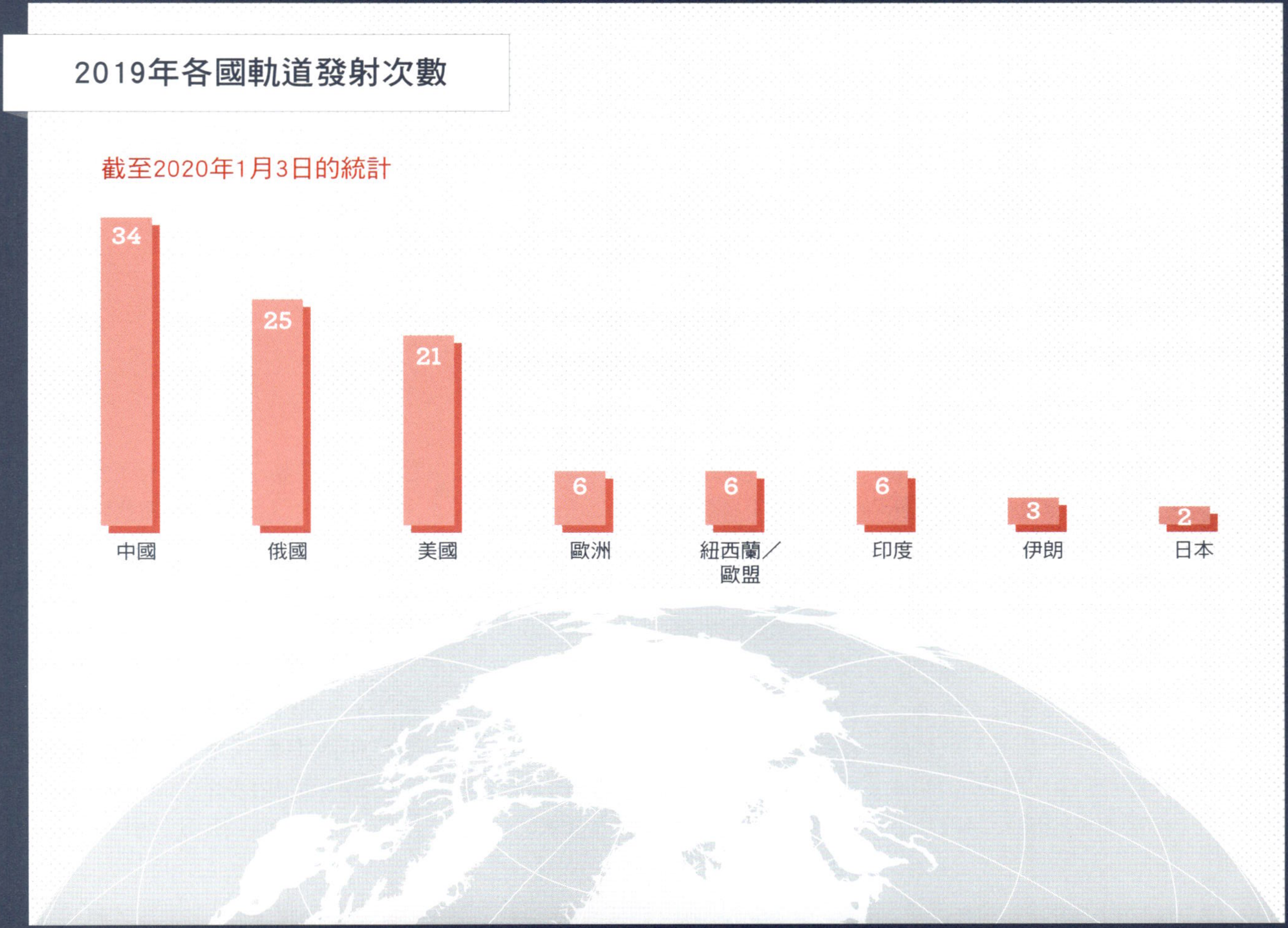

2019年各國軌道發射次數

截至2020年1月3日的統計

- 中國　34
- 俄國　25
- 美國　21
- 歐洲　6
- 紐西蘭/歐盟　6
- 印度　6
- 伊朗　3
- 日本　2

34 新興民間行動參與者：
億萬富豪們的影響力

民間行動參與者一直在美國政治中扮演要角，無論是為了捍衛經濟利益、意識形態或世界觀，或是傳播專業知識。自18世紀以來，這些組織的資源與遊說管道都大幅擴展及變得多元化，極大影響力始終強大，同時也受到法規的規範。在美國政治生態中，商業、宗教或人道主義遊說團體、智庫（Think Tank）、基層運動組織及慈善基金會，都是政策辯論、決策與執行過程中的利益關係人。

悠久的傳統

自19世紀，尤其是20世紀以來，為了鞏固其地緣政治優勢，美國透過文化與教育來維護其軟實力。許多企業領袖（某些是白手起家的企業主）試圖將自由主義、民主與和平的理念推廣至全球，特別是歐洲。多虧了有力人士與強大的人際網絡，以及跟美國國務院、還有在冷戰時期跟中央情報局的緊密合作，這些民間機構促成了雙向的良性競爭。

一些強大的基金會資助研究中心，還設立獎學金、支持學術寫作與書籍採購，並舉辦各種研討會。這些慈善企業家秉持著「取之於社會，用之於社會」的

理念。不過，這類回饋多少帶有意識形態的目的。例如，在兩次世界大戰期間，洛克斐勒基金會（Rockefeller Foundation）贊助倫敦政經學院（London School of Economics）的經濟學研究，視知識為改革與控制社會的工具，而實證研究則被用來服務政治與商業領域，例如在1929年經濟大蕭條時期。1930年代時，許多知識分子因納粹迫害而逃亡美國，獲得庇護的理由既是出於人道主義考量，也是因為他們在學術上的貢獻。二戰結束、冷戰競賽的背景下，洛克斐勒基金會（Ford Foundation）在德國推動民主思想、社會與制度的重建。

比爾及梅琳達·蓋茲基金會（Bill & Melinda Gates Foundation）則在全球積極推動醫療衛生與關鍵標案，或簡單來說，鞏固巨頭在這方面研究，梅琳達·蓋茲同時致力提倡女性的健康與權利。

億萬富豪的影響力

自2010年以來，金錢在選舉（總統、國會及地方選舉）中的影響力大幅攀升。當時美國最高法院做出裁決，以保障《憲法》第一修正案中言論自由為由，取消了企業、工會等組織捐款的上限（個人捐款仍設有限額）。因此，億萬富翁成為共和黨與民主黨不可或缺的資金來源，並期待從中獲得。他們也往往期待獲

得某種「投資回報」：包括稅收優惠、放鬆產業監管，甚至取得公共標案，或簡單來說，鞏固自身的政治與商業網絡。科技巨頭在這方面的影響尤為明顯，例如2024年川普的競選活動就獲得科技界大量贊助，也因此，外界對官商勾結的疑慮與持續升高，金錢與政治間的掛鉤，也激起公民對政治的不信任。

近年來，大企業扮演的角色也越來越吃重，不僅替補政府的功能，甚至向政府兜售先進技術。例如，馬斯克的SpaceX公司在2024年成功回收「星艦」火箭的「超重型」第一級推進器，若無此技術，該段推進器原本無法重複使用。這項民間研發的高階創新，不僅改變了太空產業的經濟模式，也提升了美國跟中國、歐洲在太空產業競逐的能力。

在冷戰時期，許多基金會的主要使命是捍衛自由主義於全球的發展。

要點

自 19 世紀以來，美國透過文化與教育在全球打造軟實力，來鞏固地緣政治上的主導地位。多間基金會資助了各類科學與教育計畫，這些資助背後並非全然出於無私，往往也肩負著在全球推廣特定價值觀的目標，這在冷戰期間尤為明顯。在國內層面，過去 15 年來，民間行動參與者持續擴大在美國政治中的影響力，無論是在選舉活動的資金挹注，還是在媒體傳播、輿論操控方面，服務政治的意圖越加明顯——特別是在 2024 年的假訊息散播。

焦點

川普在第一任期內，決定讓美國退出聯合國教科文組織（UNESCO）。1984 年，雷根政府也曾做出相同決策，當時是為了抗議組織內部的「共產主義」影響勢力。2003 年，小布希政府決定重新加入 UNESCO。若說川普退出部分原因跟以巴衝突有關（2011 年 UNESCO 接納巴勒斯坦為會員國），且在歐巴馬執政期間，共和黨主導的國會已暫停向 UNESCO 挹注資金，此舉仍凸顯了他排斥多邊主義、反對全球科學、文化與言論自由的不信任。

國會議員的決策受到外部影響？（2023年民調結果）

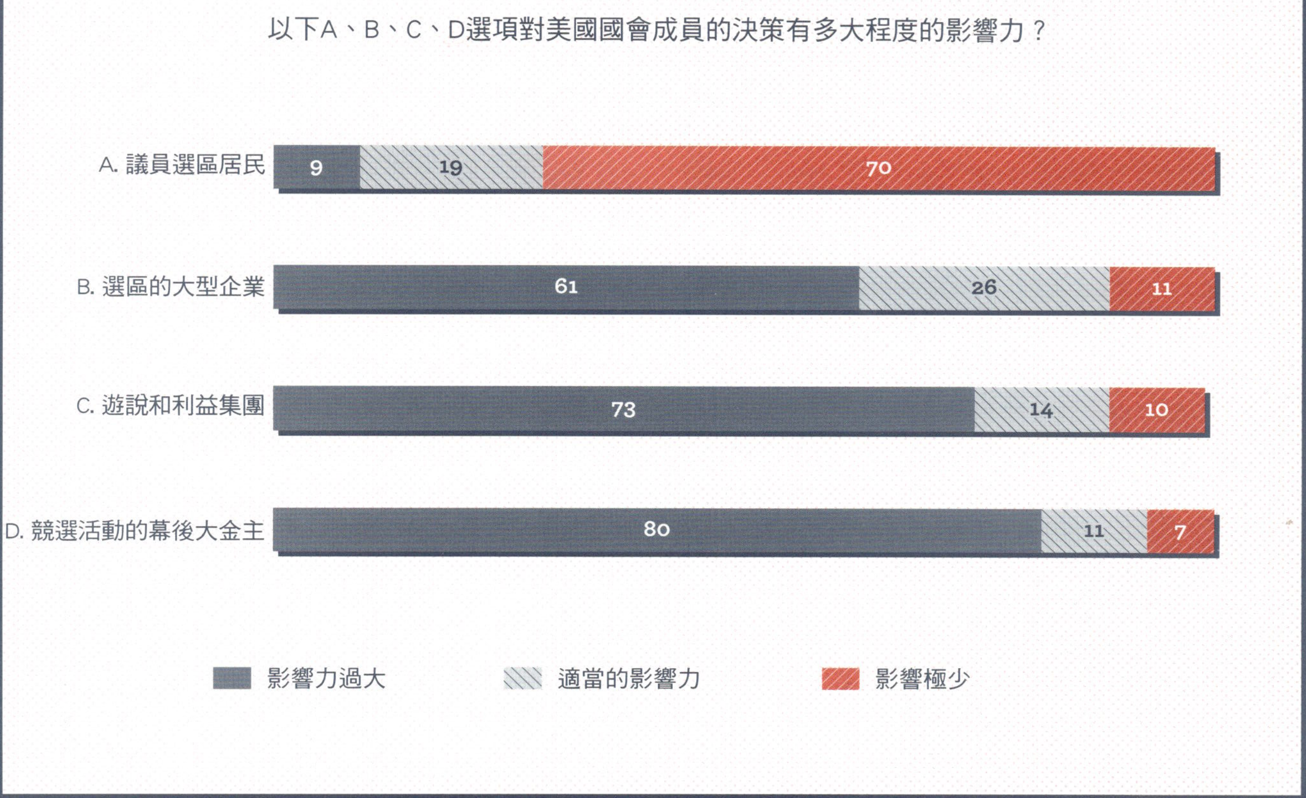

以下A、B、C、D選項對美國國會成員的決策有多大程度的影響力？

選項	影響力過大	適當的影響力	影響極小
A. 議員選區居民	9	19	70
B. 選區的大型企業	61	26	11
C. 遊說和利益集團	73	14	10
D. 競選活動的幕後大金主	80	11	7

35 面對國際重大挑戰的合作模式？

世界一直處於危機之中，但近年來，一連串重大挑戰，如氣候變遷、新冠疫情、經濟蕭條危機，以及因戰爭、貧困或迫害而流離失所的人口遷移，凸顯了全球間多重且複雜的相互依存關係，各國在應對措施上的巨大分歧，以及引發的新一波全球競爭。

新冠肺炎疫情的衝擊

新冠疫情（COVID-19）是自1945年以來最重大的地緣政治衝擊之一。不僅衝擊公共衛生體系，還涉及科學、經濟與物流產業。這場全球性的災難留下深遠的集體創傷，其後效至今難以估算。疫情導致全球經濟衰退，並嚴重破壞供應鏈體系（如中國的「口罩外交」、部分陸空運輸路線的關閉等）。自2020年底以來，市面上四款主要的新冠疫苗中，有三款是由美國研發的，但這場疫情也讓世界看到美國社會與醫療體系的結構性脆弱，例如醫療資源分配不均、疫苗接種的政治阻力，以及關於口罩與社交距離的錯誤資訊與陰謀論等。

在疫情爆發前的2020年初，美中兩國原本看似即將解決持續多年的貿易爭端，並簽署了一項重要的經貿協議：北京承諾在兩年內額外

152 GÉOPOLITIQUE DES ÉTATS-UNIS

多邊主義再度被打入冷宮？

在 2020 年美國總統選舉期間，拜登承諾恢復美國在全球作為「穩定力量」的角色，同時也不放棄美國的霸主地位。拜登上任後，接手川普政府的團隊面臨的首要挑戰，就是如何在國際合作與領導地位之間取得平衡。在經濟復甦以及俄羅斯的石油與天然氣作為制裁俄羅斯的石油與天然氣作為制裁購買兩千億美元的美國商品、加強智慧財產權保護（但技術轉移問題仍懸而未決），並停止操縱人民幣匯率；作為交換，美國則同意不再加徵新的關稅，並部分取消原先已實施的關稅措施。因為這些對中國商品的稅負實際上也對美國消費者及農業、製造業者造成了負面衝擊。

然而，疫情的爆發使得該協議的「第二階段」談判被迫中斷，美中之間的緊張局勢和競爭再度升溫，雙方的保護主義傾向也愈演愈烈。

「軟實力」的建構方面，特別是在氣候與全球衛生等議題上，拜登政府都表達出更強國合作的意願，同時在面臨中國競爭的情況下仍維持，甚至重奪美國的主導地位。中國早在 2020 年疫情期間，便透過口罩、藥物與醫療設備供應成為西方國家生產依賴。美國則透過大規模投資醫療研究與開發作為回應。但這種「平衡路線」實際上極難以維持——俄烏戰爭對全球能源進口造成的衝擊，便是明顯例子之一。

在盟友面前，美國始終捍衛自身利益，拜登政府首肯禁止進口俄羅斯的石油與天然氣作為制裁

> 「美國價值是全球實力的基石，國際的結盟合作是美國最重要的戰略資產。」——拜登

在川普第一任期時，多邊主義大幅後退，例如退出世界衛生組織、他的第二個任期很可能繼續延續這一路線。這種外交觀點，在面對未來可能爆發的地緣政治危機時，可能會被推向極端，也有可能（儘管可能性做乎其微）會遭到重新檢討。

一是強力施壓歐盟，盡供應俄羅斯能源的依賴，並在完成必要的基礎設施投資後，轉向進口來自美國的液化天然氣。

要點

環境保護、公共衛生、經濟危機、難民問題等都是全球面臨的挑戰，需要各國攜手應對。新冠疫情殘酷地暴露出這些難題，特別是美國與中國之間的對立。當涉及原物料供應、推動醫療研究投資、解決衝突及其附帶影響時，如何在維持國際合作的同時不削弱自身的全球影響力，成為了棘手的平衡問題。

焦點

經濟合作暨發展組織也是國際合作的一環。自2021年起，美國財政部長珍妮特·葉倫（Janet Yellen）便多次共同磋商，希望提高跨國科技巨擘在各國繳納的稅額和推動落實。其中，一項被稱為「GAFAM稅」（谷歌、蘋果、臉書、亞馬遜、微軟），目的是防止稅基侵蝕和避稅的提案，在書面上達成了共識[16]。這項國際稅制的重大改革計畫由140個國家參與協商，特別是美國、中國與印度之間的談判，兩大核心議題為：對跨國企業徵收15%的最低有效稅率，以反課徵數位服務稅（換言之，規範跨國企業將利潤轉移至低稅負地區之行為）。

[16] 因各國對此協議的立場存在分歧，OECD目前尚未全面完成全球稅制改革。2025年1月川普就任後，宣布退出OECD推動的全球最低企業稅率協議。

154　GÉOPOLITIQUE DES ETATS-UNIS

2020至2021年世界衛生組織前五大捐助國

單位：百萬美元

德國　1 268

比爾及梅琳達·蓋茲基金會　751

美國　693

英國　487

歐盟委員會　466

■ 每一方塊圖形代表 500 萬美元

36 全球娛樂產業的主導地位

兜售美國產品與文化

自二戰結束後的馬歇爾計劃開始，美國的文化霸主地位至今屹立不搖。它透過向全球宣傳美國文化，鼓勵各國消費更多的美國產品，始終保持領先。即便美國的國際形象曾因伊拉克 2002 年敗戰、其他文化產業露頭角、美國娛樂產業仍然是全球的主要指標，最重要的是——它幾乎可以行銷至世界各地。

在主流娛樂產業領域，美國在全球的影響力無可匹敵。這些所謂的「主流」產業，也就是面向大眾市場、主導全球流行文化的產業，雖然內容上看似多樣，不論是電影、電視劇、音樂單曲與專輯、動畫、書籍或雜誌，卻都可以吸引最廣大的群眾。此外，美國的娛樂產業還塑造了特定的人物形象、敘事框架，甚至是一種世界觀與價值觀，例如美式生活方式（American way of life）、家庭觀念、消費主義與社會成就等，這種軟實力帶來的效益無比龐大。即使韓國流行音樂（K-Pop）等其他文化產業內容在全球市場中也逐漸嶄露頭角，美

戰爭、2008年金融危機(更不用說川普執政時期)而受挫，但娛樂產業絲毫不受影響。甚至，這些負面事件有時反而被好萊塢轉化為創作靈感：例如反戰電影、女性主義影集、諷刺政治的脫口秀，以及含有反種族歧視訊息的音樂作品。

去管制化的影響

大型傳媒集團的頻繁併購，導致媒體權力集中於少數幾家超大型企業手中。它們在美國和全球皆占有主導地位，並擁有雄厚資金來傳播文化內容和資訊。廣告公關公司、行銷手法、網路搜尋引擎及演算法所扮演的角色日益發重要，而經濟的去管制化、網路中立性原則遭廢除，更助長了此一趨勢。雜誌、電視節目，尤其是電影與音樂，在世界各國乃至各大洲無所不在，成為美國文化輸出的主要媒介。

此外，美國掌控了國際新聞資訊的產製和傳播，它至今仍依然是被全球媒體最頻繁報導的國家。另一方面，中國也極力擴展其娛樂與媒體產業的發展，企圖擴展其在亞洲及全球的影響力，並在經濟上逐步追趕美國。不過，由於美國所面對的並非單一競爭對手，而是多方競爭者，它仍得以保有全球領先的地位。

美國娛樂產業的霸主地位，始於二戰結束後的馬歇爾計劃。

要點

美國的影視、動畫、音樂與電影在全球擁有無與倫比的影響力,這讓美國能輸出文化符碼、價值觀與世界觀,同時刺激全球對美國產品的消費。大型娛樂產業公司的合併與網路的快速發展,鞏固了美國對全球媒體市場的主導地位。不過,隨著亞洲國家加入戰局,美國壟斷地位也受到挑戰。

焦點

在美國,許多巨星都積極參與政治活動(Rap)和饒舌、節奏藍調(R&B)、流行天后碧昂絲(Beyoncé)在她的音樂影片、演唱會中,甚至定在全球觀眾矚目的超級盃(Super Bowl)上,向非裔美國人致敬,呼應他們在面對種族歧視、警察暴力與爭取公民權益時的歷史與現況。同樣,艾莉西亞‧凱斯(Alicia Keys)、瑪丹娜(Madonna)與泰勒絲(Taylor Swift)也運用她們的知名度,在電視傳播的頒獎典禮或 #MeToo 的大型示威活動中,為女性權利、少數族裔與 LGBTQ 群體發聲。

2024 年全球主要社交媒體平台使用人數

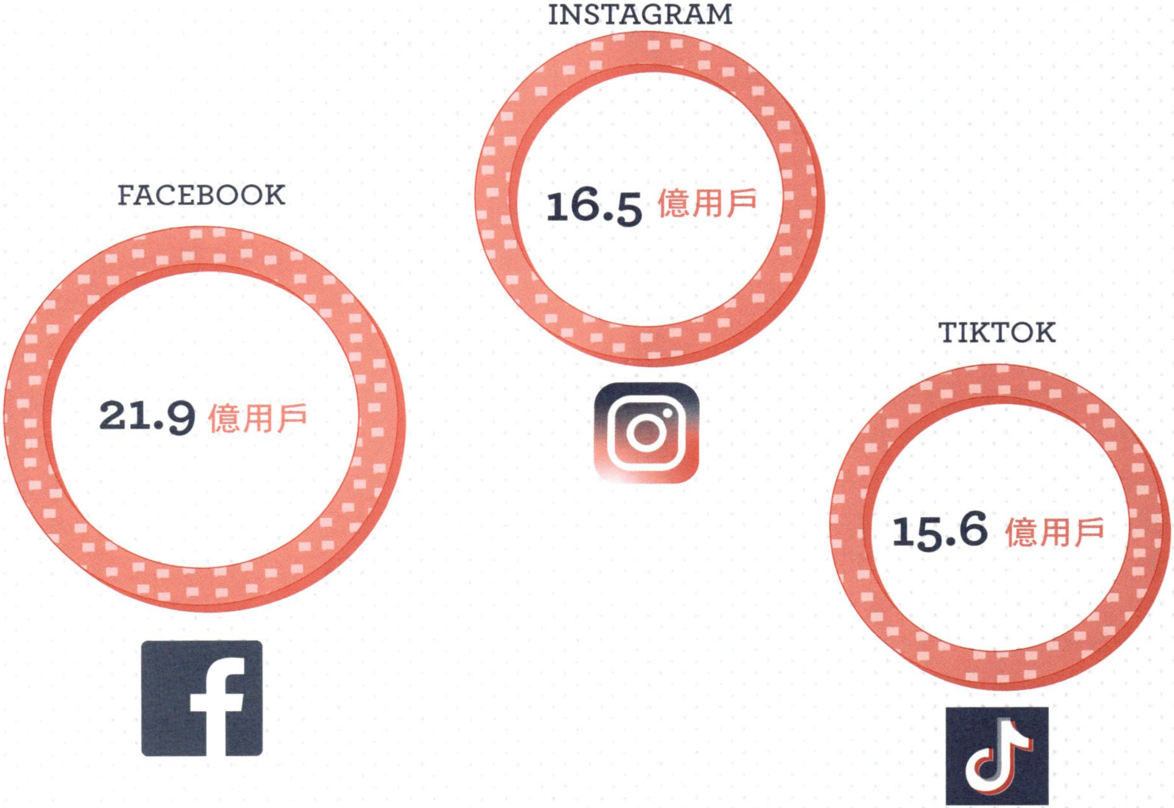

FACEBOOK — 21.9 億用戶

INSTAGRAM — 16.5 億用戶

TIKTOK — 15.6 億用戶

37
持續穩居數位科技龍頭的美國

網際網路起源於美國，最初於1960年代由在軍事部門以及數所頂尖大學的研究計畫中逐步發展而成。直到1990年代初期，隨著開放商業用途與個人用戶的加入，網路才真正轉型為我們今日所熟知的全球資訊網路。透過全球資訊網（World Wide Web，簡稱WWW），網路迅速擴展至全世界，成長速度相當驚人，如今成為橫跨各行各業、連接無數網路的龐大系統。

美國主導的網路治理

國際網路的運行以TCP/IP通訊協定[17]作為基礎，並輔以網域名稱系統（DNS），後者可看作一個龐大的資料庫或通訊錄。部分網域名稱由各國自行管理（如「.fr」代表法國），而其他通用網域名稱（如「.com」）則由美國的機構負責，並受網際網路名稱與數位位址分配機構（Internet Corporation for Assigned Names and Numbers，ICANN）監管。ICANN由克林頓政府於1998年成立，負責管理全球網域名稱的分配與運作。

網路空間不存在由上而下的集中式管理，但也並非去中心化。因此，ICANN跟美國商務

網路中立性走向終結？

中立性原是網路自始以來堅持的原則，創於2017年底在美國瓦解。自此之後，掌握基礎網路設施的電信業者不再被要求以同等方式處理所有數據流量。換言之，他們可以向特定用戶收取更高費用，以提供優先傳輸權限，特別是針對那些常使用高頻寬內容的網站（例如影音串流平台）所產生的流量。

主張維護網路中立性的企業（其中包括眾多來自於合法線上內容與服務的科技公司）強調，正是這一原則長期以來促進了創新與創意的誕生，許多如今蓬勃發展的網站，在草創初期若未享有平等的頻寬與存取權，可能根本無法誕生。這項原則已於2024年在美國恢復實施，但問題是——這項保障究竟能持續多久？

現今，科技巨頭所掌握的權力達前所未有的程度，並對全球地緣政治帶來重大挑戰。其中包括：透過平台傳遞意識形態訊息、施壓以推動去管制化政策、對外國政府與國際組織（如歐盟）發動人權的界定與防衛、甚至影響全球對人權的界定與防衛，馬斯克的全球影響力，正是最佳代表例證之一。

網際網路源自自由
主義思想：應由
參與者共同治理。

美國商務部（United States Department of Commerce）保持密切關係，即便網路最初的意識形態其實是自由主義。許多支持者主張，網際網路應該由所有參與發展的人共同管理，但現實卻逐漸傾向強者為王、商業利益為導向的局面。

1990年代末，出現了一波網路科技的投機泡沫。當時許多網路新創公司：幼雅虎（Yahoo）、亞馬遜、美國線上（AOL）市值暴漲，但最終網路經濟泡沫破裂，導致股市崩盤與經濟危機。今時今日，所有的經貿活動都離不開網際網路，它不再只是單純的技術工具，而是深刻改變了人們的工作與學習方式。因此，過去的崩盤危機不太可能再度重演。

第四部 十大行動策略 161

要點

網際網路誕生於美國，最初用於軍事與大學研究機構。隨後迅速普及全球，並對企業與個人用戶全面開放。網路中立性的原則是，所有資料流量應被一視同仁處理。在美國，這項原則在 2017 年底被廢除，直到 2024 年才恢復。在這段期間，網路服務應商得以向使用大量頻寬的用戶收取額外費用。

焦點

那些蓬勃發展的搜集引擎，其成功的關鍵並不在於資料庫規模的大小，而是靠演算法。它是一系列發送到網路的指令，對不斷增長的網頁數量有效排序。要在搜尋結果中獲得較高的曝光率（SEO，搜尋引擎最佳化），便需要遵循某些「潛規則」，讓搜尋引擎更容易檢索並推薦。目前，Google 仍是全球搜尋引擎的佼佼者，但其他競爭手也在崛起，例如中國的百度（Baidu）和俄國的揚德克斯（Yandex，暫譯）。

---

17 TCP/IP 是用來讓電腦之間互相傳輸數據的通訊規則。傳輸控制協定（Transmission Control Protocol, TCP）：負責把數據分割成小封包，確保能完整、正確地送給接收者；網際協定（Internet Protocol, IP）：負責幫助數據找到正確的目的地，就像地址一樣，讓訊息不會送錯地方。這兩者搭配運作，就能全球的電腦透過網際網路順利達成溝通。

各國生成式人工智慧（AI）專利申請件數

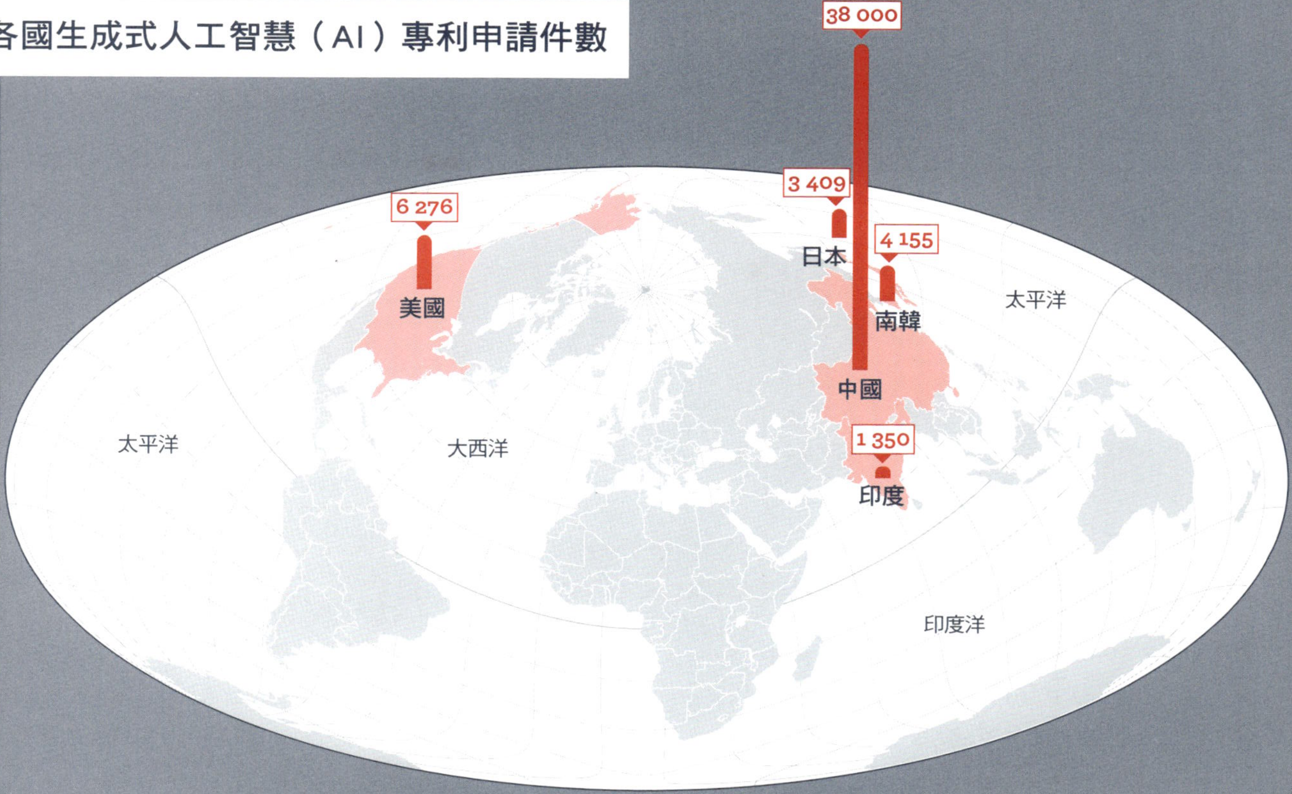

- 過去十年內（2014年至2023年間）生成式人工智慧專利的申請數量。

- 美國 6 276
- 日本 3 409
- 南韓 4 155
- 中國 38 000
- 印度 1 350

太平洋
大西洋
印度洋
太平洋

38 美國行動主義引起的全球迴響

自1950年代以來，由美國年輕一代、尤其是大學生之間發起的行動主義，逐漸成為一種傳統，並在全球各地造成迴響。許多與國內外政治局勢密切相關的議題，激發了學生參與公共行動與抗爭，而這些行動至今仍持續啟發其他國家發展出類似的運動，例如法國。不過，與其說是單向的啟發，今日更適合的說法是「影響力的流動」。

民權運動

從1960年代初開始，至1975年終結的越南戰爭，造成美國社會在文化上和世代之間的深層分裂。反戰聲浪最初出現在大學校園，並迅速蔓延至舊金山、芝加哥、華盛頓與紐約等主要城市。越戰被許多人視為「帝國主義戰爭」，很快引起全although公憤。

與此同時，民權運動的推動者致力於消除美國社會中的種族隔離，爭取黑人享有跟白人一樣平等的權利，最終促成了多項法案和最高法院的裁決，例如廢除種族隔離並承認跨族裔通婚的合法性。這些行動中，既有小馬丁·路德·金恩（Martin Luther King）領導的和平抗議，另一些團體如「黑豹黨」（Black Panthers）則主張採取更激進的行動。這些運動不僅提升了非

美國人的權益，也逐步改善了所有少數族裔群體的平權發展。

隨著女性同性戀平權運動、反資本主義運動和環保意識的興起，美國的「反主流文化」（Counterculture）於焉誕生。主張自由和個人解放的嬉皮（Hippies）運動，也為文化領域與帶深遠影響：包含音樂（搖滾與流行樂）、文學、電影和政治理論等，這股由文化界發起、推動政治變革的力量，在這時期的美國得淋漓盡致，反映在嘻哈（Hip-Hop）以及現代的饒舌和節奏藍調音樂中。

「佔領華爾街」、「黑人的命也是命」和「#MeToo」

自 1960 年代以來，美國的反資本主義及平權運動一再捲土重來。近年來，有三個特別具代表性的事件，成功運用嶄新科技與社交媒體的力量，如同 1960 年代的電

視一樣，獲得廣大群眾的關注。

「佔領華爾街」（Occupy Wall Street），又稱「我們就是那 99%」（We are the 99%）批評至球最富有的 1% 人口不僅導致 2007 至 2008 年的金融危機，還從中年利。年輕人群眾在紐約的華爾街發起和平抗議，譴責金融資本主義和日益擴大的貧富不均。

「黑人的命也是命」（Black Lives Matter）則誕生於 2013 年，起因是非裔男女遭白人警殺害的事件，尤其是部分案件在網路上大肆流傳後所激起的憤怒。爛熟社群媒體的年輕一代非裔美國人，公開譴責警察暴力與司法種族歧視，2020 年喬治．弗洛伊德（George

Floyd）遭暴力執法致死後，進一步觸發全球的示威浪潮。

2017 年的「女性大遊行」（Women's March），以及緊接著同年登場的「#MeToo」，雖然植根於川普執政下的美國社會氛圍，但同時也受到拉丁美洲等地區抗爭運動的啟發。這些運動發展成為一場實質的國際性行動，

致力於對抗種族歧視與性別歧視。

2024 年，美國大學校園爆發了激烈抗議活動，譴責以色列軍隊為了反擊哈瑪斯而在加薩地區展開的「種族滅絕」，而第二任期的川普政府則試圖推翻 1960 年代以來在反歧視議題上取得的進步。

在各項社會運動的推動下，美國通過了一系列促進黑人與白人平等的法案。

要點

自 1950 年代以來，美國的社會運動逐漸興起，並達到了前所未有的規模。例如越戰引發了大量抗議與反對運動。這些社會運動促成少數族裔權利的提升。最近期的社會運動包括「占領華爾街」、「女性大遊行」、「#MeToo」、「黑人的命也是命」，以及反對以軍在加薩種族滅絕的抗議行動。

焦點

「言論自由運動」（Free Speech Movement）於 1960 年代初誕生於舊金山加州大學柏克萊分校（UC Berkeley），學生們爭取在校園內參與政治活動的權利。這場運動成為美國反主流文化的一部分，促進了進步主義思想與個人自由的普及。然而，從 1980 年代以來，這場運動開始受到保守派的質疑，認為此主張既不寬容，又違反民主。在一些大學校園內，左翼學生與白人至上主義者之間的對立時常演變成激烈、甚至暴力的衝突，後者揮舞著「言論自由」的大旗，卻試圖封殺特定書籍、課程或社會科學研究。

2017年全球各地女性大遊行示威活動分布圖

洛杉磯
芝加哥
多倫多
蒙特婁
墨西哥
紐約
倫敦
巴黎
柏林
雪梨
墨爾本

39
體育運動的軟實力

運動即政治。雖然運動未必能自動促進和諧——它是容易煽動情緒的活動，反而常常引發衝突與暴力；不過透過積極的政策引導，運動仍可以成為促進社會凝聚與和平進步的工具，甚至進步。因此，運動一直以來都被當作外交工具，無論是正向發展或負面操作。美國尤其擅長將體育的國內與國際影響力納入其國力布局與對外政策中。

地緣政治角力的舞台

在冷戰時期，奧運會成為美蘇之間、甚至東西兩大陣營的非暴力對抗舞台。一方面，奧運金牌之爭異常激烈；另一方面，1980年美國及六十多個西方與阿拉伯穆斯林國家因蘇聯入侵阿富汗而抵制莫斯科奧運；1984年，蘇聯及十三個共產國家也反過來抵制洛杉磯奧運。這些政治行動，最後付出代價的都是運動競賽和運動員。

即便當今的體育競爭已部分由美中之間的對抗，取代了過去美蘇冷戰時期的體育角力（奪金數仍是這場競爭的指標之一），但美俄之間在國際大型體育賽事上仍瀰漫火藥味。2014年，時任美國總統的歐巴馬因跟普丁在各項議題上存

在冷戰時期，奧運會成為美蘇之間的非暴力對抗舞台。

國內外的龐大影響力

今日，國際體育賽事已成為各國競相爭取能見度的重要舞台。無論是已開發國家或發展中國家，主國家抑或軍閥制政權，都懂得善用體育的高度普及化、媒體曝光度與普世性，來提升國際聲望和參與談判。因此，體育已成為國際外交不可繞過的一環。舉例而言，1971年美國乒乓球代表隊訪問中國，促成美中之間外交關係的緩和，為翌年美國總統尼克森訪華鋪路，並推動兩國關係正常化，這個事件被稱作「乒乓外交」。

近年來，在美國國內，體育界對抗種族歧視與恐同現象以及在國外獲得的迴響，現了體育對於促進平權與落實「體育價值」的重要作用。例如，美國多個州原本試圖限制LGBT群體平權的法案，最終在各大體育組織（如國家籃球聯盟與國家美式足球聯盟）的壓力下遭到撤回。

在分歧、拒絕出席索契（Sochi）冬奧會開幕式；此外，有關2018年與2022年男子足球世界盃主辦權分配的醜聞曝光，也印證了這一點。

要點

體育是一種無須訴諸暴力的競爭方式。在冷戰期間，美國與蘇聯展開激烈的金牌爭奪戰，雙方也分別於1980年莫斯科奧運與1984年洛杉磯奧運互相發起抵制行動。如今，美國在體壇上的最大競爭對手轉為中國。體育同時也能成為維繫外交關係的工具。例如，1971年美國總統尼克森藉由乒乓外交，促成與中國的關係正常化。此外，體育也能對抗政治施壓，例如迫使某些州政府放棄通過種族歧視和恐同同意的法案。

焦點

2028年洛杉磯奧運與帕運將成為該市市長與美國總統川普之間政治對抗的重要舞台。與川普不同，洛杉磯市長清楚意識到，這場賽事所帶來的國際關注，將有助於提升城市與加州的能見度與形象。除了氣候保護與移民議題之外，體育也日益成為美國對外開放與封閉兩大政治立場之間的爭論焦點。

1980年莫斯科夏季奧運會抵制行動分布圖

太平洋

大西洋

太平洋

印度洋

太平洋

■ 1980年響應抵制莫斯科奧運的國家示意圖。

40 健康危機：新自由主義政策 或極端主義的受害者？

美國在全球健康排名中位於後段班，決大部分歸因於長期以來醫療保險取得不易，以及公私部門交錯且結構複雜的醫療服務體系。自「羅斯福新政[18]」（New Deal）時期以來，多位總統皆嘗試逐步推動全民普及的醫療照護。柯林頓一度幾乎成功實現此構想，但真正達成重大突破的，則是歐巴馬時期推出的「歐巴馬健保」。它讓數千萬原無醫療保險的美國人獲得健康保障，包括：「醫療補助計劃」（Medicaid，針對低收入族群）、透過雇主投保（適用於特定類別的員工），或個人強制納保（要求不符合前兩類條件的其他人購買私人保險）等。

矛盾的是，美國醫療研究與開發方面雖居領先地位，在國際上的健康排名卻表現不佳，這背後還包含了其他因素：一方面，一般藥物及類鴉片藥物濫用導致過高的死亡率（以男性族群為主），這些人在新冠疫情流行出現較高的重症率。另一方面，美國人的生活方式也備受質疑。

自1980年代以來，肥胖問題在美國已被視為一種「流行病」，因為受影響的成年人與青少年比例持續上升，已成為美國公共健康的

重大危機。導致肥胖盛行的原因包括高熱量、營養失衡且進食時間不規律的飲食習慣。2016年，40％的女性和35％的男性為肥胖者，兒童與青少年中也有五分之一屬於肥胖族群。過重與缺乏運動會增加罹患心血管疾病、代謝性疾病（如糖尿病）以及癌症的風險。

此外，低收入戶群體，尤其是居住在「食物沙漠」地區的人（即缺乏健康食物來源而速食店林立的地區），以及教育程度較低者，肥胖風險更高。美國前第一夫人蜜雪兒‧歐巴馬（Michelle Obama）將兒童肥胖問題視為她最積極推動的議題之一。

逐步取消墮胎權使女性面臨醫療危機。

階級與居住地區差異所造成的健康不平等極為嚴重。研究也指出，性別與族裔背景同樣影響健康權益。墮胎禁令引發了重大公共健康危機[19]，因為許多女性在某些州被剝奪了婦科醫療服務，甚至包括攸關生命的治療服務。

食品工業遊說的影響力

大規模加工的食品，普遍含成不良飲食習慣。在美國，維持健康飲食往往是一場艱難的戰役。

過度廣告攻勢和政治遊說，使消費者養成不良飲食習慣。在美國，維持健康飲食往往是一場艱難的戰役。

此外，某些跨國企業引發的多起食安醜聞（轉基因作物、致癌性農藥等）也引起全球關注。由於環境監管制度鬆散，能源與工業遊說團體的影響力、土壤、湖泊與河流污染問題惡化，對農業造成破壞，導致某些地區出現過高死亡率和慢性病激增，許多地方居民與政治決策者仍支持維持現有工廠或吸引新設工廠進駐，認為即便面臨污染風險，這些企業仍能提供寶貴的就業機會。

在健康層面上，美國的社會

要點

美國在健康指數的排名表現不佳，主要原因包括：在「歐巴馬健保」實施之前，許多美國人長期缺乏健康保險；一般和類鴉片藥物濫用所導致的高死亡率；以及由高糖、高脂飲食引發的肥胖問題。此外，因居住地區、族裔背景和收入水平的差異，呈現健康不平等的現象。最後，由於墮胎權遭推翻，剝奪了女性獲得婦科醫療服務的權利。

焦點

自 2018 年 1 月起，許多聯邦州，包括人口最多的加利福尼亞州，陸續開放娛樂性大麻的使用，這是繼允許醫療用途後的又一進展。儘管政府擔起產品的監管責任，但由於近年來美國因藥物濫用及服用類鴉片藥品問題導致平均壽命下降，這項法案仍引發不少爭議。

[18] 羅斯福新政（The New Deal）是美國總統羅斯福於 1933 至 1938 年間實行的一系列對抗大蕭條的經濟政策，核心為救濟（Relief）、復興（Recovery）和改革（Reform）。分為兩階段實行：1933 至 1934 年為「第一次新政」，側重於緊急救濟與經濟復甦；1935 至 1938 年為「第二次新政」，強調社會保障與金融改革，以防止經濟危機再次發生。

[19] 2022 年 6 月 26 日，美國聯邦最高法院的大法官投票，推翻了 49 年前確認憲法保障「女性墮胎權」的《羅訴韋德案》。在最高法院推翻該案後，各州可自行立法決定墮胎是否合法，導致美國出現嚴重分歧：部分州全面禁止墮胎，而部分州仍維持合法，影響數百萬女性的生育權與醫療選擇。

174 GÉOPOLITIQUE DES ÉTATS-UNIS

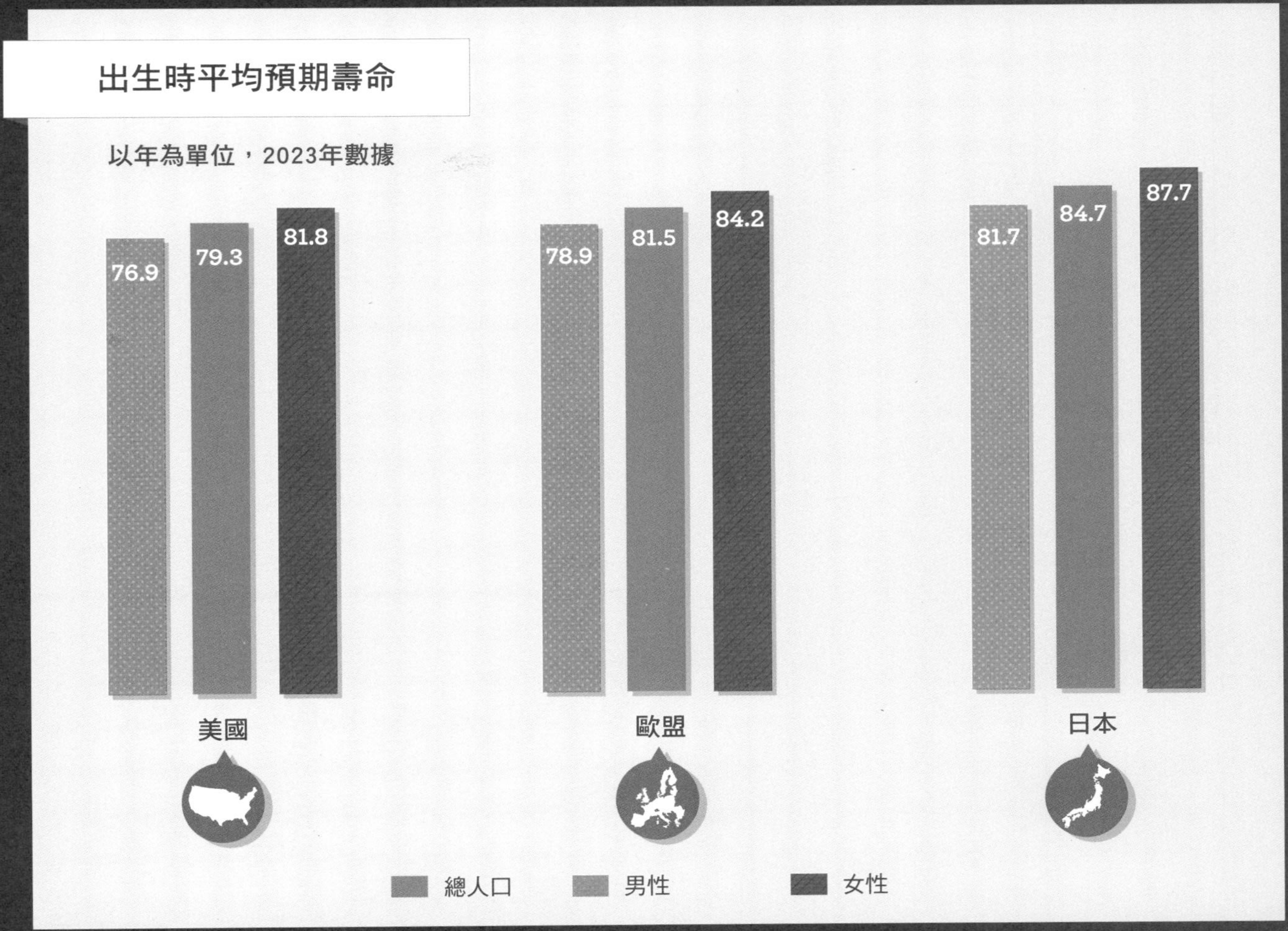

出生時平均預期壽命

以年為單位,2023年數據

美國
- 總人口:76.9
- 男性:79.3
- 女性:81.8

歐盟
- 總人口:78.9
- 男性:81.5
- 女性:84.2

日本
- 總人口:81.7
- 男性:84.7
- 女性:87.7

■ 總人口　■ 男性　■ 女性

參考書目

Celia Belin, Frederic CHARILLON (dir.), *Les Etats-Unis dans le monde*, Paris, Editions du CNRS, 2016.

Christophe DEROUBAIX, *L'Amerique qui vient*, Paris, Editions de l'Atelier, 2016.

Sonia DRIDI, *Joe Biden. Le pari de l'Amerique anti-Trump*, Paris, Rocher, 2020.

Arlie Russell HOCHSCHILD, *Strangers in their Own Land*, New York, The Free Press, 2016.

Michael KIMMEL, *Angry White Men: American Masculinity at the End of an Era*, New York, Nation Books, 2013.

Lawrence W. LEVINE, *Culture d'en haut, culture d'en bas. L'emergence des hierarchies culturelles aux Etats-Unis*, Paris, La Decouverte, 2010.

Christian MONTES, Pascale NEDELEC, *Atlas des Etats-Unis. Un colosse aux pieds d'argile*, Paris, Autrement, 2016.

Marie-Cecile NAVES, *Trump, la revanche de l'homme blanc*, Paris, Textuel, 2018.

Alexis PICHARD, *Terreur a l'ecran. Spectacles de guerre dans les series de l'apres-11 Septembre*, Paris, Presses universitaires Francois-Rabelais, 2025.

Bob WOODWARD, *Peur: Trump a la Maison Blanche*, Paris, Seuil, 2018.

資訊圖表來源

美國 50 個行政州 13
來源：https://www.uniterre.com/img/site/carte/carte-etats-unis-grand-format.jpg

三權分立 17
來源：https://www.thucydide.com/realisations/utiliser/schemas/etats_unis.htm

美國領土擴展和現今邊界 21
來源：Cynthia Ghorra-Gobin, «Territoires et representations : l'imagination geographique de la societe americaine», Revue francaise d'etudes americaines, n° 108, Belin, 2006.

宗教在日常生活中的影響（民調）...... 25
來源：https://www.pewresearch.org/religion/2024/03/15/8-in-10-americans-say-religion-is-losing-influence-in-public-life

居住在大都會市區的富人 29
來源：美國商務部官網 https://www.commerce.gov/news/blog/2023/06/geographic-inequality-rise-us

1850 年至 2023 年間移民占總人口比例 33
來源：美國人口普查局 https://www.pewresearch.org/short-reads/2024/09/27/key-findings-about-us-immigrants/

對最高法院持正面／負面看法的人數統計（以百分比表示）...... 37
來源：https://www.pewresearch.org/short-reads/2024/08/08/favorable-views-of-supreme-court-remain-near-historic-low

2003 年至 2018 年美國軍事預算 41
來源：https://www.thebalance.com/u-s-military-budget-components-challenges-growth-3306320

獲得補充營養援助計劃（SNAP）補助的美國民眾 45
來源：農業部

關於美國參與國際事務的意見調查 49
來源：http://www.pewresearch.org/global/2023/06/27/international-views-of-biden-and-u-s-largely-positive/

資訊圖表來源　177

2016 年美國的白人至上主義運動分布圖 55
來源：圖出自 IMdiversity 網站
http://imdiversity.com/diversity-news/radical-right-electrified-by-trump-candidacy-and-presidency/

不同居住地區的政黨傾向 59
來源：皮尤研究中心（Pew Research Center）

按族裔劃分的家庭收入統計 63
來源：美國人口普查局官網 www.census.gov/library/stories/2024/04/wealth-by-race.html

鄉村地區人口的族裔多樣化 67
來源：https://www.brookings.edu/articles/mapping-rural-americas-diversity-and-demographic-change#:~:text=Rural%20America%20

2022 年上半年全球電動車與油電混合動力車銷售排名 71
來源：Jean-Michel Normand, «Les groupes chinois a l'assaut des marches europeens avec la voiture electrique du peuple», Le Monde, octobre 2022.

社群軟體在假新聞中所負起的角色？（民調）....... 75
來源：由民調機構益普索（Ipsos）在 2024 年 1 月 5 日至 7 日間，針對 1025 名美國成年人所進行的調查。

美國媒體的自由與影響力（民調）....... 79
來源：皮尤研究中心於 2024 年 4 月 1 日至 7 日進行之問卷調查。

各州墮胎禁令概況（2025 年 1 月）....... 83
來源：Allison McCann et Amy Schoenfeld Walker, «Tracking Abortion Bans Across the Country», The New York Times, 7 octobre 2024.

2022 年各國年度軍事支出 87
來源：Daniel Boffey, «Global defence budget jumps to record high of $2440bn», The Guardian, 22 avril 2024

美國電力生產來源 91
來源：Rhodium Group/Brad Plumer, «Carbon Emissions Fell in 2023 as Coal Use Tumbled to New Low», The New York Times, 10 janvier 2024.

移民與難民官在美墨邊境的接觸互動 97
來源：美國海關與邊境保衛局（CBP）、皮尤研究中心

2024 年北大西洋公約組織成員國 101
來源：https://www.diploweb.com/IMG/jpg/la-nouvelle-carte-otan-avec-29-pays-membres-diploweb-2017.jpg

178 GÉOPOLITIQUE DES ÉTATS-UNIS

東南亞軍事實力比較 105

來源：Tom Sharpe, «The huge difference between nuclear and conventional subs in defending Taiwan», The Telegraph, 23 février 2024.

自 1985 年以來美國對中國的貿易逆差 109

來源：美國人口普查局。

2019 年全球半導體產能 113

來源：Boston Consulting Group；Semiconductor Industry Association/ The Economist, «Taiwan is worried about the security of its chip industry», 26 mai 2022.

美軍在中東的軍事基地 117

來源：American Security Project «Why U.S. troops are in the Middle East», Reuters, 30 janvier 2024.

2024 年美國對以色列的軍事援助 121

來源：美國國會研究處（Congressional Research Service）、經濟分析局（Bureau of Economic Analysis）、國際開發署（USAID）、外交關係協會（Council on Foreign Relations）。

烏克蘭十大軍事援助國 125

來源：基爾世界經濟研究所（Institut de Kiel pour l'économie mondiale），2023 年 2 月 21 日。

石油產量 129

來源：OPEP；Statistical Review of World Energy, 2023.

非洲與美國及中國的雙邊貿易額比較（2000 年至 2022 年） 133

來源：美國人口普查局、約翰霍普金斯大學（Johns Hopkins）、中國海關總署。

美國的政治思想流派 139

來源：http://ewebpedagogique.com/historegeotruffaut/files/2013/01/sch%C3%A9ma.jpg

聯合國會員國分布圖 143

來源：https://www.un.org/fr/about-us/member-states

2019 年各國軌道發射次數 147

來源：Gunters Space Page/Anne Bauer, «La Chine confirme son appetit frenetique pour l'espace», LesEchos.fr, 6 janvier 2020.

國會議員的決策受到外部影響？（2023 年民調結果） 151

來源：皮尤研究中心，2023 年 7 月 10 日至 16 日針對美國成年民眾的調查。

2020 至 2021 年世界衛生組織前五大捐助國 155

來源：https://www.who.int/about/funding/contributors/usa

資訊圖表來源　179

2024 年全球主要社交媒體平台使用人數 ……… 159

來源：https://www.lesechos.fr/tech-medias/medias/

各國生成式人工智慧（AI）專利申請件數 ……… 163

來源：https://www.latribune.fr/technos-medias/informatique/la-chine-desormais-numero-un-sur-les-brevets-d-ia-generative-devant-les-etats-unis-1001375.html

2017 年全球各地女性大遊行示威活動分布圖 … 167

來源：https://edition.cnn.com/2017/01/21/politics/womens-march-donald-trump-inauguration-sizes/index.html

1980 年莫斯科夏季奧運會抵制行動分布圖 ……… 171

來源：維基百科

出生時平均預期壽命 ……… 175

來源：法國國家人口研究所（INED）

地緣政治系列：理解世界的必要指南

危機、戰爭、外交事件……大國之間的博弈充斥在每日的新聞中，本系列讓讀者理解當今世界不可或缺的關鍵資訊，同時給充滿熱情、滿懷好奇或是一知半解讀者的一塊入門磚，專家作者在淺顯易懂的主題文章剖析當代重大議題，讓讀者輕鬆掌握事件緣起、挑戰、問題和未來展望。

一看就懂！美國與地緣政治：40張資訊圖表，從美國夢、科技霸權到川普時代，快速掌握全球局勢
Géopolitique des États-Unis

作　　者	瑪麗塞西‧納維斯 Marie-Cécile Naves
譯　　者	姜盈謙
責 任 編 輯	王辦嫣
版　　權	游晨瑋、吳亭儀
行 銷 業 務	林秀津、周佑潔、林詩富、吳淑華
總 編 輯	程鳳儀
總 經 理	彭之琬
事業群總經理	黃淑貞
發 行 人	何飛鵬
法 律 顧 問	元禾法律事務所　王子文律師
出　　版	商周出版
	城邦文化事業股份有限公司
	台北市南區昆陽街16號4樓
	電話：(02) 2500-7008　傳真：(02) 2500-7759
	E-mail：bwp.service@cite.com.tw
發　　行	英屬蓋曼群島商家庭傳媒股份有限公司城邦分公司
	台北市南區昆陽街16號8樓
	書虫客服服務專線：(02) 25007718・(02) 25007719
	服務時間：週一至週五 上午09:30-12:00・下午13:30-17:00
	24小時傳真專線：(02) 25001990・(02) 25001991
	服務時間：週一至週五 09:30-12:00・13:30-17:00
	劃撥帳號：19863813　戶名：書虫股份有限公司
	讀者服務信箱E-mail：service@readingclub.com.tw
	城邦讀書花園 www.cite.com.tw
香港發行所	城邦（香港）出版集團有限公司
	香港九龍土瓜灣土瓜灣道86號順聯工業大廈6樓A室
	電話：(852)2508-6231　傳真：(852)2578-9337
	E-mail：hkcite@biznetvigator.com
馬新發行所	城邦（馬新）出版集團【Cite (M) Sdn. Bhd.】
	41, Jalan Radin Anum, Bandar Baru Sri Petaling,
	57000 Kuala Lumpur, Malaysia
	電話：(603) 90563833　傳真：(603) 90576622
	E-mail：services@cite.com.my
封面設計	徐璽設計工作室
電腦排版	唯翔工作室
印　　刷	韋懋實業有限公司
經　　銷	聯合發行股份有限公司　電話：(02) 2917-8022　傳真：(02) 2911-0053
	地址：新北市新店區寶橋路235巷6弄6號2樓

■ 2025年5月22日初版

定價／480元

ISBN：978-626-390-533-7

本書根據原文書《Géopolitique des États-Unis》2025年最新增修版編輯出版。

版權所有‧翻印必究

Printed in Taiwan

城邦讀書花園
www.cite.com.tw

Original French title: Géopolitique des États-Unis
© 2018, 2025 Editions Eyrolles, Paris, France
Chinese complex characters edition arranged through The Grayhawk Agency
Complex Chinese translation copyright © 2025 by Business Weekly Publications, a division of Cité Publishing Ltd.
All rights reserved.

國家圖書館出版品預行編目資料

一看就懂！美國與地緣政治：40張資訊圖表，從美國夢、科技霸權到川普時代，快速掌握全球局勢／瑪麗塞西‧納維斯（Marie-Cécile Naves）著；姜盈謙譯. -- 初版. -- 臺北市：商周出版：英屬蓋曼群島商家庭傳媒股份有限公司城邦分公司發行, 2025.05
面；　公分. --（生活視野；50）
譯自：Géopolitique des États-Unis
ISBN 978-626-390-533-7（平裝）

1.CST: 地緣政治　2.CST: 地緣政治　3.CST: 國際關係
4.CST: 美國政府　5.CST: 美國外交政策

574.52　　　　　　　　　　　　　　114004956